© 2023
Autor: Hermann Niemann
Umschlaggestaltung: Hermann Niemann
Illustration: Hermann Niemann

Herstellung und Verlag:
BoD - Books on Demand, Norderstedt
ISBN: 9783757806026

Bibliografische Informationen der Deutschen Nationalbibliothek:
Die Deutschen Nationalbibliothek verzeichnet diese Publikation in der Deutschen Nationalbiografie; detaillierte bibliografische Daten sind im Internet über http://dnb.dnb.de abrufbar.

Der alte Sultan
30 märchenhafte Gedichte

Hermann Niemann

Inhaltsverzeichnis

Der alte Sultan

Auf einem Hof der Landwirtschaft,
ein Hund als Wächter Jahre schafft.
Sein schöner Name Sultan war,
doch eines Tages das geschah !
Der Bauer sprach zur Bäuerin:
*"Der alte Sultan ist fast blind,
sein Leben macht für uns kein' Sinn.
Ein junger Hund wär' wohl von Nöten.
Ich will den alten Sultan töten."*

Der Bäuerin tat der Hund leid,
ihr Gatte ging ihr doch zu weit:
*" Ein Leben lang war treu, das Tier,
so bleibt es auch im Alter hier".*
Der Sultan hörte heimlich zu
und pure Angst raubte ihm Ruhe.
Er lief zu seinem Freund, dem Wolf,
und hoffte so, das er ihm half.

Berichtete vom nahen Tod.
Der Wolf begriff wohl seine Not.
So sprach er sorglich zum Sultan:
*"Ich habe einen guten Plan.
Den ganzen Tag im Feld sie sind.
Im Schatten legen sie ihr Kind.
Ich werde es für dich entführen,
verfolgst dann scheinbar meine Spuren
und rettest so das Kind.
Der Bauer Freud' an dir gewinnt."*

Am nächsten Tag zur frühen Zeit,

war's dann mit diesem Streich so weit.
Das Kind im hohen Grase schlief.
Die Elten sorglos und naiv,
hackten in Kraut und Rüben
und ihre Emsigkeit betrieben.

Der Wolf sich an das Kind 'ran schlich,
und mit ihm heimlich dann entwich.
Das war des Sultans große Stunde.
Ein Retter wurde aus dem Hunde.
Die Geiselnahme fand ein Ende,
der Wolf verschwand dann im Gelände.
Perfekt war diese Suggestion
und Gnade war des Sultans Lohn.

Verwöhnt wurd' nun der alte Rüde,
egal, ob munter oder müde.
Der Napf war nie so gut gefüllt.
Sein Durst niemals so frisch gestillt.
Das Kind war bei ihm jeden Tag.
Im kühlen Schatten er stets lag.
Der Hund genoss nun Jahr für Jahr.
Doch eine Rechnung offen war ?

"Umsonst ist nur der Tod",
dachte der Wolf in seiner Not.
Der Hunger mächtig in ihm nagte,
doch er sich in den Stall nicht wagte.
Den Sultan er somit bedrängte:
"Dein Leben einst ich dir doch schenkte.
Nun kannst du dich mal revanchieren,
ich brauche eins von euren Tieren."
Der Sultan sollt' den Mundraub decken,

der Bauer sollte es nicht checken.

Der Hund sich doch zum Herrn bekannte,
und ihm den Plan des Wolfes nannte.
Und als der Mond am Himmel stand,
der Wolf heimlich im Stall verschwand.
Der Bauer sich im Stall versteckte,
der Wolf sich schon die Pfote leckte.
Da sah er all die Lämmer schlafen,
wie sie ruhten, bei den Mutterschafen.
Den Wolf erwischte es eiskalt,
bereute seinen Plan sobald.
Der Bauer gerbte ihm sein Fell,
der Wolf floh aus dem Stall, ganz schnell.

Er musste richten diesen Köter,
der für ihn wurde zum Verräter..
In eine Falle soll er tappen,
für den Verrat wird er berappen.
Den Judas lud zum Mahl er ein,
als Postillion diente ein Schwein.

Dies übergab ihm einen Wisch,
in dem der Wolf ihn bat zu Tisch.
"Dein Freund, der Wolf lässt grüßen dich,
so lasse ihn jetzt nicht im Stich.
Er möchte Frieden mit dir schließen,
und dies mit gutem Wein begießen."

Der alte Hund war nicht von gestern.
Kein Mensch sollte über ihn lästern.
Die Lunte er bereits schon roch,
ein Feigling war er nicht jedoch.
Wenn gleich er war ein alter Rüde,

doch für 'nen Feldzug nicht zu müde.
"Na klar" sprach er sodann zum Schwein:
"Ich werde gern' sein Gast dann sein"

Des Sultans Freund ein Kater war,
wenn er ihn brauchte, war er da.
Der Kumpel sollte ihn flankieren,
wenn sollte doch mal was passieren.
Auch wenn er war nicht grad' ein Held,
halbblind war er und ziemlich alt.
Gemeinsam machten sie sich auf.
Den weiten Weg nahm'n sie in Kauf.
Er führte über Stock und Stein,
den Weg wollt' er nicht geh'n allein..

Doch was erwartete ihn da ?
War der Wolf allein' dann da ?
Wollt' er wirklich Frieden schließen ?
Oder sollte Blut gar fließen ?
Was sollte das mit dem Kurier ?
Warum so förmlich und wofür ?
"Man weiß nie was der Wolf ausheckt
und nie, was grade in ihm steckt?"

Der Marsch ging erst mal dann so weiter,
die Sonne schien alleine heiter.
Der Treffpunkt war in einer Lichtung,
hier war das Meeting für die „Schlichtung".
Das Ziel war doch nun bald erreicht,
die letzten Schritte war'n nicht leicht.
Die Beine schmerzten von dem Wandern.
Wo war der Wolf, und wo die Andern?

Und plötzlich wie im Überfall,
mit viel Getöse und lautem Schall.
Da griffen an der Wolf, das Schwein,
Den Sultan traf zuerst ein Stein.
Die Katz' schlitzte des Wolfes Zinken,
das Schwein fing plötzlich an zu hinken.
Verletzt war es an einem Schinken.

Der Sultan schlugt mit seiner Pranke,
den Wolf in seine rechte Flanke.
Das Schwein kriegte mit einer Keule,
am linken Auge noch `ne Beule.
Die Schlägerei war voll im Gange,
doch dauerte sie nicht so lange.
Am Ende lagen alle viere,
so müde waren diese Tiere.

Doch als sie kamen auf die Beine,
holte der Wolf von seinem Weine.
Sie tranken nun aus einer Flasche,
das war bei denen so 'ne Masche.
Der Frieden war somit besiegelt,
das Tor zur Hölle war verriegelt.
Der Sultan und der Stubentiger,
wurden irgendwie die Sieger.
Doch auch der Wolf mit seinem Schwein,
sollten nicht Verlierer sein.

Das Kriegsbeil wurde eingegraben
weil alle wollten Frieden haben.

* * *

Rotkäppchen und der Wolf

Das Mädchen trägt 'nen roten Hut,
der schützt es vor der Sonne gut.
Sommer ist es, es ist nicht kalt
es läuft vergnüglich durch den Wald.

Die Oma will es nun besuchen,
gleichzeitig dabei Pilze suchen.
Bald trifft es einen Wolf zufällig
und dieser ist nett und gesellig.

Gemeinsam gehen sie dann weiter,
die Stimmung beider ist recht heiter.
Dann, bei der Oma angekommen,
hat sich der Wolf erst brav benommen.

Die Alte liegt in ihrem Bette,
als wenn sie nichts zu schaffen hätte.
Immer mimt sie nur die Kranke,
stets hat sie Hustensaft im Schranke.

Als Oma nun das Paar erblickt,
wutschnaubend wär' sie fast erstickt:
„Was soll das denn, du rote Kappe,
bringst mir ein Vieh mit großer Klappe"?.

Der Wolf darauf ist recht beleidigt,
sein Mädchen er sogleich verteidigt.
Mit großem Zorn packt er die Oma...
....die liegt bis heute noch im Koma!

* * *

Der geheimnisvolle Simeli

Zwei Brüder lebten in einer Welt,
in der kaum jemand kannte Geld.
Der Arme nagt am Hungertuche,
verzweifelt bei der Nahrungssuche.

Der Reiche lebt in Saus und Braus,
und niemals ging das Geld ihm aus.
Der Arme ging meist in den Wald,
damit die Küche blieb nicht kalt.

Und wenn er abends heim dann kam,
macht er sich eine Suppe warm.
In der gab's wenig zu entdecken,
nach nichts die Finger sich hier lecken.

Aus zwei, drei Pilzen bestand nur diese,
so meisterte er seine Krise.
Durst stillte er mit H2O,
zum ruhen langte wenig Stroh.

So ging das dann, Jahr ein, Jahr aus,
den Faden biss nie ab die Maus.
Doch eines Tages das Blatt sich dreht,
als folgendes nun dann geschieht.

Es war im frühen Morgengrauen,
wollt' wieder mal nach Pilzen schauen.
Ein dutzend Gnome sah er kommen,
die heimlich einen Berg erklommen.
Und diese machten plötzlich halt,

Der Berg öffnete sich einen Spalt.
Sie sprachen: *"Berg Simeli, öffne dich"*
Und gut gelaunt und fröhlich,
verschwanden alle in dem Stollen.
„Was sollten sie darin wohl wollen"?

Der Voyeur war recht erregt,
was er wohl nun zu sehen kriegt.
Er hinter einem Stein sich duckte,
gespannt er auf den Berg nun guckte.

Und eine Stunde später dann,
die Gnome wieder hören kann:
"Berg Simeli, schließe dich"
Dies Bild fast einem Wunder glich.

Er sah sie auf dem Rückzug tanzen.
Ein jeder trug nun einen Ranzen.
Beim Laufen sangen laut sie Lieder,
verschwanden so im Wald dann wieder .

Der Ärmste wollt' nun selbst erkunden,
was gab es da im Berg zu finden.
Nach dem er nun die Losung kannte,
vorm Berg er stand und diese nannte:

"Berg Simeli, öffne dich".
der Fels so an die Seite wich.
Und wie er eben noch gesehen,
ist es bei ihm auch so geschehen.

Als er betrat den Berg von innen,
vertraute er nicht seinen Sinnen.
Nur Gold und Silber und Dukaten
schienen nur auf ihn zu warten.

Gott Lob, er trug dabei den Sack,
in dem er sonst die Pilze packt.
Nein, diesmal kam was andres rein,
ein Vermögen trug er in ihm heim.

Als er nun dann den Berg verschloss,
'ne Träne aus dem Auge floss.
Nach Hause trug er Gold und Geld
und Armut wich der neuen Welt.

Nun war er mit dem Bruder gleich,
und war wie er auch ziemlich reich.
Gott dank, er war aus anderem Holz,
und hatte seinen eigenen Stolz.

Vergaß nicht, wie es einmal war,
vergaß die Not nicht Jahr für Jahr.
So kannte er Erbarmen,
und teilte mit den Armen.

Des Bruders Neid blieb nicht latent,
als er dann das Geheimnis kennt.
Dem Reichen packte nun die Gier,
stand auch am Berg vor dessen Tür.

"Berg Simeli, öffne dich".
Der Spalt auch jetzt öffnete sich.
Auch er betrat den goldenen Saal.
Doch wurde dies für ihn zur Qual.

Geschockt sah er die Gnome stehen.
Zur Flucht konnt' er sich nicht mehr dreh'n.
So drohte ihm nun ein Malheur,
der Gang nach Haus' wurd' für ihn schwer.

Sie prügelten so auf ihn nieder,
das kaum erkannte man ihn wieder.
Und als er dann nach Hause kam,
sein Hund in Panik Reißaus nahm.

Die Wunden heilten nie mehr wieder,
und chronisch schmerzten ihm die Glieder.
Die Visage war so verhunzt,
sie glich schon eher moderner Kunst.

Zeitlebens erntete er Hohn,
für seine Gier war das sein Lohn.

Der Hase und der Igel

Ein Hase will sich messen,
er muss stets Sieger sein.
Einen Igel will er stressen,
und lädt ihn so zum Wettkampf ein.

Nun starten diese beiden Sprinter,
einhundert Meter ist die Bahn.
Doch eine List steckt wohl dahinter,
denn das Ergebnis wird zum Wahn.

Das Langohr völlig abgekämpft,
den Igel schon im Ziel erkennt.
Das Hasenblut kocht im Gefäß,
der Igel ruht auf dem Gesäß.

Doch hat der eilige Verlierer
den Stachelritter wohl verkannt.
Er kommt erst jetzt dahinter;
Im Spiel sind zwei, und sind verwandt.

Gesiegt hat hier nicht der Rapide,
denn dazu war er zu stupide.
Die Eintracht siegte wieder mal.
Frau Igel war's und ihr Gemahl.

* * *

Hans im Glück

Sieben Jahre gingen ins Land
als einst Hans seinen Meister fand.
Er war recht fleißig, lernte viel.
Verfolgte jetzt ein anderes Ziel.
Er sprach zum Meister früh am Morgen:
"Meine Mutter macht mir Sorgen.
Ich muss zu ihr nach hause gehen,
sie will mich endlich wiedersehen".

Der Meister ist enttäuscht, doch fair,
überreicht dem Lehrbub sein Salär.
"Du wirst mir fehlen, sehr, mein Sohn,
für Fleiß und Treue verdienst du Lohn."
Ein Batzen war es, schwer aus Gold,
ein Leben lang dies reichen soll.
Nun ist der Hans ein reicher Mann,
der so sein Glück nicht fassen kann.

Der Heimweg führt nun in die Weite,
so trifft er unterwegs viel Leute.
Die goldene Last wird immer schwerer,
und wird zu groß für den Heimkehrer.
Als dann sein Weg ein Reiter kreuzt,
er seinen Lohn sogleich bereut,
"Ach Reiter, ich beneide dich".
Sein Joch mit seinem Gaul verglich.

Darauf der edle Ritterknabe:
"Dann tauschen wir doch unsere Habe"
Gesagt, getan, das war ein Wort.

Der Ritter war blitzschnell dann fort.
Der Hans sogleich das Ross bestieg,
die Schulter frei von Last ihm blieb.
Doch war der Gaul recht renitent.
Zum neuen Herrn sich nicht bekennt.

Alsbald ein Kuhhirt auf ihn traf,
das Rindvieh schien ihm recht und brav.
Den Hirten in die Pflicht er nahm:
"Die Kuh gibt Milch nur und nur Rahm,
mein Gaul dagegen ist recht stark
und den Galopp am meisten mag".
Der Kuhhirt fand das interessant.
So tauschen sie die Tiere dann.

Hans nimmt die Kuh nun an die Leine,
doch Milch wollt' geben diese keine.
Es wurde nichts aus Milch und Rahm,
doch dann ein Sauhirt daher kam.
Und weil die Kuh nichts taugte,
er interessiert die Sau beäugte.
Der Sauhirt ahnt nun einen Wandel,
und stimmt gern zu dem Rindviehhandel.

Der Hans zieht weiter mit der Wutz,
auch die erweist sich schnell als Witz.
Einher kam jemand mit 'nem Ganter,
er war vom Sauhirt ein Verwandter,
und mahnt: *"Die Sau wurde gestohlen,*
Ein Mopp wird sie zurück sich holen.
Gib mir das Schwein, nimm du die Gans
dann bist du aus dem Schneider, Hans".

Der Hans „erkennt" wohl die Gefahr,
für ihn das Schwein Geschichte war.
Und mit der Gans geht er nun weiter,
zur Mutter will der Fremdarbeiter:
*"Der Ganter liefert weiße Daunen,
sein Fett verwöhnt auch noch den Gaumen".*
Der Vogel schien die rechte Wahl.
Doch letztlich wird nichts aus dem Mahl.
Er hat noch ein paar Meilen,
und mit der Gans kann er nicht eilen.
Er will das Tier nicht tragen,
ein letzten Deal soll er noch wagen.

Ein Scherenschleifer am Wegesrand,
hat das Problem von Hans erkannt.
*"Was willst du mit dem Federvieh,
und reich wirst' mit dem Vogel nie.
Du solltest schleifen Scher' und Messer,
dann rollt der Rubel für dich besser".*
Er bot ihm so sein Schleifset an,
und mit der Gans verschwand er dann.

Der Hans ist abermals erleichtert.
und fühlt sich wieder mal bereichert.
Doch müde, durstig alle mal,
wird wandern langsam ihm zur Qual.
An einem Brunnen macht er Rast,
zu schwer wird nun auch diese Last.

Vom kühlen Nass er hastig trinkt.
Sein Schleifset in den Brunnen sinkt.
So bringt sein letzter „Handel",

erst den erwünschten Wandel.
Nun ist er frei von jeder Bürde,
geschafft ist nun die letzte Hürde.

Ob Gold, ob Schwein
ob Kuh, ob Ross,
ob Gänsefett, ob Schleifestein.
nicht eine Träne er vergoss.

Die Heimat war nun nicht mehr weit,
Die Mutter wird ihn sehen heut'.
Die Schritte gleichen mehr dem Tanz,
niemals sah jemand so den Hans.
Befreit war er von jeder Last,
denn nichts mehr hat er so gehasst.

Als er bei Mutter angenommen,
hat sie ihn in den Arm genommen.
Zurück war ihr verlorener Sohn.
Enttäuscht, ein bisschen war sie schon.

Glück setzte Hans mit Armut gleich,
aus seiner Sicht war er jetzt reich.

Sterntaler

Ach, es war so kalt im Wald,
die Sonne ging auch unter bald .
Ein Mädchen lebte ganz alleine,
und Eltern hatte es wohl keine.
Es gab kein Haus und keine Bleibe,
es trug fast nichts an seinem Leibe.

Da traf es einen Bettler dann,
auch der hatte nur wenig an.
Ihm gab es dann das letzte Hemd,
zum Dank er es "*mein Engel*" nennt.
Und kurz darauf war noch so jemand,
der mit fast nichts im Walde stand.

Ihm wollte es sein Röckchen geben,
weil geben seliger denn nehmen.
Es war so furchtbar frostig kalt,
Gott Lob herrschte die Nacht im Wald.
Das Mädchen war so gut wie blank.
Ein Engel nahte, Gott sei Dank.

Sein Mitleid hier jetzt überwog,
als er das Mädchen überflog.
Ein Ende fand nun seine Not.
Der Engel schenkte ihm erst Brot.
Dann reichte er ihm noch ein Kleidchen.
Viel Gold regnete es dann ein Weilchen.

Des Mädchens Not war erst gebannt,
Der Engel es sympathisch fand..
Der musste aber leider weiter,
das stimmte beide wenig heiter.

Dornröschen

Ein Königspaar war kinderlos,
der König nahm nie ihren Schoß.
Die Königin am See ging baden
ein junger Mann stellte gleich Fragen:
"Was wünscht sich so die Hoheit denn"?
"Ein Kind", sprach sie: *"beim König klemmt's"*.

Gesagt getan, knapp ein Jahr weiter,
das ganze Schloss war froh und heiter.
Ein großes Fest des Kindes wegen,
kam vielen Gästen sehr gelegen.
Der Jüngling blieb jedoch daheim,
erstickte so den Streit im Keim.

Im Land gabs dreizehn weise Damen,
die bis auf eine, alle kamen.
Für die letzte gab es keinen Teller,
nur zwölf aus Gold waren im Keller.
So war die letzte nicht geladen,
das konnte sie nur schwer ertragen.

Dem Kind sie fromme Wünsche schenkten,
wie Glück und ewiges Gedenken.
Die, von dem Mal war ausgenommen,
hat einen Plan sich vorgenommen;
Mit fünfzehn soll das Kind verenden.
Das Schicksal sollte Gift verwenden.

Die zwölfte Weise, die nur ahnte,
was diese böse Hexe plante.

Wandelt den Tod in Lebenslang,
so dass es weiterleben kann.
Doch werden hundert Jahre vergehen
bis es wird wieder auferstehen.

Gekommen war nun dieses Jahr,
der Giftanschlag dann auch geschah.
Der lange Schlaf sogleich begann,
und sukzessive folgte dann
das gesamte Personal.
Auch dieses schlief dann erst ein mal.

Und in all den ganzen Jahren,
allein die Rosen da noch waren.
Die Dornen über Mauern wuchern,
nicht möglich war es den Besuchern,
die Maid aus Ihrem Schlaf zu wecken.
Im Dornbusch blieben sie meist stecken.

Der Zahn der Zeit am Dornbusch nagte,
ein kühner Prinz sich doch nun wagte,
diesen Dornbusch zu durchdringen,
was ihm auch sollte dann gelingen.
Denn hundert Jahre sind verblichen
und Dornen süßen Beeren wichen.

Als er im Inneren des Schlosses
den Saal betrat des Erdgeschosses,
da sah er all die Leute liegen,
die hundert Jahre liegen blieben.
Betrat sodann ein Nebenzimmer
in dem das Mädchen schlief, wie immer.

Doch dem Freier war nicht bange,
er küsste seinem Traum die Wange.
Der Kuss hat sie erst aufgeschreckt,
benommen noch, den Prinz entdeckt.
Doch ändert nichts daran die Scham,
den Retter gleich im Arm sie nahm.

Und kurz darauf die ganze Meute,
die Tiere, wie auch all die Leute
und nicht zuletzt des Schlosses Zar,
niemand nun mehr am schlafen war.
Die hundert Jahre sind Geschichte,
das Schloss erschien in neuem Lichte.

Von der Magd bis hin zum König,
für kein Fest gab's Gründe wenig.
Auch soll der Prinz sich nun vermählen
und seine Braut wird ihn auch wählen.
So gab es hundert Tage lang
ein Fest für einen Neuanfang.

Die sieben Raben

Jungen waren es schon sieben,
ein Mädchen wollten sie noch kriegen.
Das wünschten sich die Eltern sehr,
Das Leben ohne eins war leer.
Doch dann geschah ein großes Wunder,
der Bauch der Frau wurd' wieder runder.
Nach einem Mädchen sah es aus,
und große Freude kam ins Haus.

Und als es endlich dann war da,
ach je, wie schmächtig es doch war.
Die Eltern hatten große Sorgen,
das es nicht überlebt bis morgen.
Die Taufe sollte prompt geschehen,
die Jungs mussten zum Pfarrer gehen.
Doch bei ihm kamen sie nie an,
das Mädchen kam so noch nicht dran.

Der Vater, erbost über die Knaben,
verwünschte sie in schwarze Raben.
Kreisend in der Luft sie fluchten,
als Raben dann das Weite suchten.
Das Mädchen war doch bald genesen,
in ihren Augen war zu lesen.
"Wo sind denn meine Brüder hin?
Allein zu sein macht keinen Sinn".

Der Vater sprach dann von den Knaben,
die einst verließen ihn als Raben.
Das Mädchen fing das Weinen an,
und macht sich auf die Suche dann.

Und im Gepäck auf ihrer Tour,
trug sie dabei ein Brotlaib nur.
Nahm Mutters Ring, der halbwegs passt.
Ein Schemel diente noch zur Rast.

Das Mädchen bereiste jedes Land,
die Vögel sie jedoch nicht fand.
Die Füße waren schon ganz wund,
das Schicksal trieb es mit ihr bunt.
Doch eines Tages sang ein Männchen,
das pfiff ein merklich schräges Ständchen.
Es eilte hin um es zu fragen,
ob es gesehen hat, die Raben?

Das Männchen gab so zu verstehen:
"Vielleicht hab' ich sie mal gesehen?
Doch umsonst ist nur der Tod".
Als Lohn den Ring sie ihm anbot.
Gesagt getan, der Ring war fort.
Das Männchen hielt dann auch sein Wort.
Ganz laut pfiff es seine Kantaten,
Erfolg sollte nicht lange warten.

Am Himmel tauchten auf die Raben,
die gleich ihr Schwesterherz umwarben.
Einst flohen sie daheim als Raben,
und wieder war'n die Brüder Knaben.

★ ★ ★

Sieben auf einen Streich

Ein Schneider saß im Schneidersitz,
die Nadel durch den Stoff so flitzt.
Neben ihm lag ein Stück Torte,
was dann geschah war ohne Worte.

So dachte sich der Stoffbanause:
„Ich mache mal ‚ne kleine Pause".
Er hungrig auf den Kuchen späht,
ist der mit Fliegen übersät.

Erschlug sie mit 'nem feuchten Lappen,
an dem dann sieben Fliegen pappen,
und jubelt: „Sieben auf einen Streich",
so fürchtet er nicht den Vergleich.

Ein Hemd sich näht aus edler Seide,
Achtung verschafft ihm so das Kleide.
Und stickt hinein noch farbenreich
den Satz: „Sieben auf einen Streich"

Sein Auftritt dient der Suggestion:
"Ich werd' der Größte sein bald schon".
Auch hört von ihm schon bald der König,
denn gute Leute hat er wenig.

Als er beim König angekommen,
wird er Form halber vernommen.
Der König war nicht mehr zu stoppen;
"Zwei Riesen sollst du mir jetzt foppen".

Als Dankeschön für den Erfolg
die Hochzeit mit der Tochter folgt.
Der Schneider sucht nun die zwei Riesen,
die lebten hinter Wald und Wiesen.

Sie schliefen unter einem Baum,
bemerkten so den Schneider kaum.
Und clever warf er einen Stein
auf eines Riesen Nasenbein.

Der wurde wach und aggressiv,
und dachte bei sich instinktiv:
„Das konnte nur mein Kumpel sein"
und schlug ihm auch die Nase ein.

Sie prügeln sich, aus Wut und Not,
am Ende waren beide tot.
Zum König dann zurückgekehrt,
in Hoffnung, er wird nun vermählt.

Der konnte den Erfolg nicht ahnen
und lenkt sein Plan in andere Bahnen:
*„Das Einhorn nervt mich meistens doch,
so fange es mir vorher noch."*

Der Schneider, wenn auch arg frustriert,
verspricht, das dieses noch passiert.
Und auch nach kurzer Suche dann,
er die Mutante finden kann.

Mit List lockt er es vor 'ne Eiche,
das Einhorn stellt die falsche Weiche.
Sein eines Horn bohrt sich ins Holz,
das war des Schneiders zweiter Stolz.

Als der König vom Sieg nun hörte,
ihm abermals die Hochzeit störte.
Der Held zum dritten Mal rückt aus,
ein wildes Schwein sorgt nun für Graus.

Auch dies Problem wird er dann lösen,
das Schwein im Kirchhof sah er dösen.
Ins Gotteshaus lockt er's mit List,
die Tür schnappt zu, gefangen ist's..

Auch dieses war ne' Meisterleistung,
Der König ändert seine Haltung.
Gab ihm die Tochter nun zur Frau.
Des Schneiders Dank galt mehr der Sau.

Die drei Sprachen

Die Väter sind so gerne stolz;
‚Der Sohn soll sein aus selbem Holz'.
Nicht so ist es bei diesem Graf.
Es einer Mahnung wohl bedarf:
"Mein Sohn, so geht's nicht weiter,
du wirst nun geh'n zu einem Meister.
Der wird die Dummheit dir austreiben,
ein ganzes Jahr wirst du dort bleiben."

Und bei dem Meister angetroffen,
bleibt dem Graf dann nur zu hoffen,
dass zum Erfolg nun führt das Ganze.
und dass gebrochen wird die Lanze.
Und als das Jahr vorbei ist dann,
fragt ihn der Graf was er jetzt kann?
"Ich kann jetzt kläffen wie die Hunde,
verstehe so nun deren Kunde".

Der Graf, der glaubt nicht was er hört
und ist sehr böse und empört:
"'Die zweite Chance will ich dir geben,
noch ein Jahr wirst'e auswärts leben.
Stolz will ich auf dich werden,
und nicht blamiert sein hier auf Erden".
Der Sohn tritt an die zweite Reise,
enttäuscht jedoch in gleicher Weise.

Nach einem zweiten Jahr sodann
fragt ihn der Graf, was er jetzt kann:
"Nun quake ich auch wie ein Frosch"

Des Vaters Hoffnung gleich erlosch,
enttäuscht er sprach: *"Hinaus mit Dir,
die letzte Chance gebe ich Dir."*
Der Sohn startet den dritten Test.
Der Vater ihn wieder entlässt.

Bei'm dritten Meister angekommen,
der Unterricht wird aufgenommen.
Doch was er nun bei ihm studiert,
des Grafen Nerven ruiniert.
Daheim beim Vater zurückgekehrt,
er seinem Vater dann erklärt:
"Ich kann nun wie ein Vogel flöten"
Der Graf vor Wut: *"Ich werd' dich töten."*

Gesagt, getan, den Mord er ordert,
und seinen Meister Hans auffordert:
*" Schafft mir den „Vogel" aus dem Weg,
bevor ich's anders überleg'"*
Der Sohn wird in den Wald geführt,
kein Mord jedoch wird ausgeführt.
Aus Mitleid lässt man ihn dann ziehen,
kann so dem sicheren Tod entfliehen.

So grübelt er im Wald herum:
*"Wieso glaubt jeder ich sei dumm,
ich kann mit vielen Tieren sprechen,
was daran ist denn ein Verbrechen!
Mein Vater wünscht mir so den Tot,
wie groß muss sein für ihn die Not?
Das er in seinem Schlosse hockt,
und seinem Geist nur Hass entlockt".*

Müde ist der Sohn vom gehen,
würde gern ein Bett mal sehen.
Zu einer Burg wird er dann kommen,
und erst mal in die Pflicht genommen.
Von einem Fluch soll er sie retten,
erst dann soll er zur Ruhe sich betten:
„Im Turmgemach, da hausen Hunde,
niemand traut sich in deren Runde".

Der Sohnemann sieht das gelassen,
wird auf die Tiere sich einlassen.
Die Tiere sprachen von einem Fluch,
den der Teufel für sie schuf.
Vertraut war ihm die Empathie,
befreite sie von Satanie.
Und plötzlich gab es Harmonie,
kein Hund war mehr ein böses Vieh.

Und Friede herrsche nun im Schloss,
und jeder Hund fand seinen Schoß.
Das ganze Land nun profitiert,
nichts böses hier kaum noch passiert.
Im Schlosse bleiben sollte er,
so wollte es im Haus der Herr:
„So bleibe hier, mein lieber Freund."
doch die Option er gleich ausräumt.

Des Grafen Sprössling weiterzieht,
als nächstes er 'nen Teich dann sieht.
In dem sieht er drei Unken tunken,
im Wasser hört er diese unken:
"Der Papst verließ jüngst diese Erde,

hat nun im Himmel eine Herde.
Wir brauchen einen neuen hier,
du, Wandersmann, wärst gut dafür".

Der junge Mann hört ihnen zu,
und denkt, lasst mich damit in Ruhe.
"Diesen Job kann ich nicht machen,
das ganze Land wird hämisch lachen"
So marschiert er erst mal weiter,
weit weg schien die Karriereleiter.
Als er dann die Stadt Rom erreicht,
wird es für ihn zunächst nicht leicht.

Die Wahl des Papstes steht hier an,
gefragt wird, ob er will und kann.
Auf seinen Schultern sind zwei Tauben,
die ihm den Anspruch gern erlauben.
Die Tauben flüstern ihm ins Ohr:
"Du kannst den Job, sei doch kein Thor.
Die Menschen trauen es dir zu,
so sag doch ja, so gib doch Ruh".

So rechts und links die Tauben,
die Chancen in die Höhe schrauben.
Ganz Rom glaubt, sie sind Gottes Zeichen,
und er nun stellt die rechten Weichen.
Die Tauben machen's ihm verständlich,
sein Wissen ist ja mehr als endlich.
Von Klerikern er nichts versteht,
und dennoch diesen Weg nun geht.

Die Tauben ihm nun übersetzen,
was all die Leute zu im schwätzen:
"Wir sehnen uns nach weißem Qualm"
Die Menge murmelt einen Psalm.
Das Schicksal nimmt so seinen Lauf,
die Wahl zum Papst nimmt er in Kauf.
Und die Eskorte der zwei Tauben,
am meisten an den Papst wohl glauben.

Der neue Papst, das ist so Sitte,
der ganze Klerus teilt die Bitte,
dass eine Messe er soll lesen.
Wären die Tauben nicht gewesen,
die quasi ihm den Text einhauchen,
wär' er als Papst nicht zu gebrauchen.
So wird er nun zur Heiligkeit,
das Volk ist von der Angst befreit.

Die Nachricht erreichte auch den Grafen
und Selbstvorwürfe ihn heftig trafen:
"Warum nur wollte ich ihn morden,
kein Grund gab es für meine Sorgen
Dank gebührt auch Meister Hans
dass er mein Jung' ließ leben ganz.

„Denn wer die Tiere sprechen hört,
der auf den Papstthron wohl gehört".

* * *

Der wunderliche Spielmann

Ein Musikant im Wald marschiert,
es langweilt ihn, weil nichts passiert.
Auch wenn er viel doch kommt herum,
er findet nicht sein Publikum.

Ein Wolf kommt ihm dann in die Quere
und macht ihm höflich alle Ehre:
"Ach, ich würd' auch gerne geigen."
Der Spielmann soll es ihm nun zeigen.

Begeisterung sieht anders aus
der Wolf ist für den Fiedler Graus.
So jagt er fort dann den Caniden,
sonst wär' von ihm nichts mehr geblieben.

Der Spielmann denkt nicht weiter
als nur an die Karriereleiter.
Dann bald er einem Fuchs begegnet,
der ist mit gleichem Wunsch gesegnet.

Der Spielmann soll auch ihm es zeigen:
"Auch ich möchte so gerne geigen."
Dem Fuchs, dem blüht das gleiche Los,
Hohn und Verachtung erntet er bloß.

Und nun zu Letzt nervt noch ein Hase
und bringt den Spielmann ganz in Rage:
"Erkläre mir dein Instrument".
Der Hase um sein Leben rennt.

Der Spielmann ist schon recht frustriert,
weil ohne Fans auch nichts passiert.
Getier kann er nur schlecht ertragen,
erst recht, wenn Petition sie wagen.

Nach einer Weile Fußmarsch dann,
er Waldarbeiter hören kann.
So ahnt er nun sein Publikum,
vorbei scheint sein Martyrium.

Der Spielmann sanft den Bogen streicht,
das Herz der Männer er erreicht.
Und sicher ist ihm Ovation,
doch drei "Freunde" lauern schon.

Die Violine in der Ferne,
hören diese drei nicht gerne.
Das Solo werden sie beenden,
und dazu eine Axt verwenden.

Die Fetzten fliegen durch den Wald,
was Anderes als die Geige schallt.
Der Bogen streicht nie mehr die Saite,
der Spielmann sucht nur noch das Weite.

Das hat er nun von seiner Kunst,
dass er nicht teilen will die Gunst.
Und Axt und Säge, die ihn riefen,
nun seine Kunst arg scheitern ließen.

* * *

Tischlein deck dich

In der Provinz in eine Stadt,
ein Schneider seine Werkstatt hat.
So grad' kam er über die Runden,
mit täglich mehr als dreizehn Stunden.
Drei Söhnen war er guter Vater,
nur seine Ziege macht Theater.
Das Tier von allen war geliebt,
doch in den Wahnsinn es sie trieb.

Tag ein, Tag aus wurd' es verwöhnt,
dafür hat jeden es verhöhnt.
Die Ziege fraß das Feinste nur
und sprang vergnügt durch die Natur.
Vorm Heimweg wurde sie befragt,
ob in ihr noch der Hunger nagt.
Den gleichen Spruch sie stets dann hat:
"Ich bin so satt, ich mag kein Blatt"

Am Abend dann, im Stall, im Heu,
die Lügen waren nicht mehr neu.
Der Schneider auch sie spät befragte,
ob in ihr noch der Hunger nagte:
*"Von was soll ich denn satt nur sein,
ich sah kein Gras, ich sah nur Stein."*
Der Vater darauf impulsiv,
verstieß die Söhne sukzessiv.

Nun machte er den Job des Hirten,
wollte das Tier auch gut bewirten.
Und als die Sonne begann zu sinken
tat er das Tier auch zu sich winken.

Am Wohl des Capras ihm viel lag:
"Bist du zufrieden mit dem Tag?"
Den gleichen Spruch als Antwort hat:
"Ich bin so satt, ich mag kein Blatt"

Und nach dem Heimweg angekommen,
das Tier hat Platz im Heu genommen.
Der Vater stellt so gleich die Frage:
ob in ihm noch der Hunger nage?
*"Von was soll ich denn satt nur sein,
ich sah kein Gras, ich sah nur Stein."*
Die Antwort war schwer zu ertragen,
und deutlich wurde sein Versagen

Das Vieh für immer er verbannte,
das fort an kein Zuhause kannte.
Der Schneider saß alleine da,
und lange Zeit nichts mehr geschah.
Er dachte stets an seine Söhne:
"Würd wiedersehen sie so gerne".
Die kamen gut über die Runden,
weil einen Meister sie gefunden.

Der erste wurde dann zum Tischler,
Der zweite schaffte es zum Drechsler,
Der dritte lernte die Zunft der Müller,
Erfolg war ihre Intension,
doch Heimweh kannten alle schon.
Am Ende gab es nun den Lohn.

Der Tischler nahm ein „Tischlein-deck-dich"
was von alleine lecker deckt sich.
Der Müller einen Esel nahm,
dem hinten er viel Gold entnahm.

Des Drechslers Lohn ein Knüppel war,
wenn man ihn brauchte, war er da.

Der Knüppel sich im Sack befand,
zunächst schien er nicht interessant.
Doch dessen Einsatzmöglichkeiten,
sollen später noch viel Glück bereiten.
Doch erst mal gab es zu berichten,
dass Heimweh sie nach hause schickten.

Der Tischler an sein Tischchen denkt,
und Heimweh ihn nach hause lenkt.
Doch als die Sonne wich dem Mond,
er sich mit einem Quartier belohnt.
Die Schänke dort am Waldesrand,
er für die Nacht geeignet fand.

Als er nun das Lokal betrat,
der Wirt um die Bestellung bat.
Sein eigen Tischlein sich nun deckte,
der Wirt den wahren Wert entdeckte.
Der Gast nun müd' in's Bette fiel,
da trieb der Wirt sein übles Spiel.
Er tauschte heimlich aus das Möbel,
mit einem alten Tisch vom Trödel.

Am anderen Morgen dann um acht,
der Tischler auf den Weg sich macht.
Den Tausch er nicht bemerkte
als er beim Vater nun heimkehrte.
Der Vater war gerührt in Tränen,
Der Sohn musst' gleich den Tisch erwähnen,
Das dieser selbst sich deckt zum Schmaus,
Gefüllt mit Gästen war bald das Haus.

Doch als der Sohn dem Tisch befahl,
zu decken sich, blieb er ganz kahl.
Vor Scham der Sohn im Boden sank,
des Vaters Nerven lagen blank.

Auch auf dem Heimweg war der Zweite,
auch hier sich das Unheil einreihte.
Auch dieser vor der Kneipentür,
vom langen Marsch war müde nur.
Der Esel bekam im Stall sein Futter,
Dem Müller wird der Wirt zur Mutter.
Und als die Rechnung sodann kam,
dem Esel hinten Geld entnahm.
Der Wirt nahm war die Zahlungsweise,
und tauschte nachts den Esel leise.

Am anderen Morgen so um acht,
der Müller auf den Weg sich macht.
Den Tausch auch dieser nicht bemerkte
als er beim Vater nun heimkehrte.

Der Vater begrüßte seinen Sohn,
auch dieser berichtet stolz vom Lohn.
Das dieser Esel, wenn er muss,
dann Gold nur macht im Überfluss.
Und all die Armen sollten kommen
wenn hinten würd' dann Gold entnommen.
Auch hier bekam der Sohn die Scham,
als er dem Tier nur Dunk entnahm.
Die Armen nun in ihrem Kummer,
verfluchten den Schneider so für immer.

Der Drechsler auf den Weg sich machte,
der selbe Wirt die Tür aufmachte.

Auch er brauchte mal eine Pause,
aß ein Brot und trank ne' Brause.
Sich nun zu Anderen gesellte,
hört, wie der Wirt die Brüder prellte.

Aus dem Sack schnellt nun der Knüppel,
schlägt den Wirt nun fast zum Krüppel
Sein ganzer Leib war grün, blau, rot
ein Bild des Elends sich da bot.
Erst als der Narr dann Reue zeigte,
das Strafmaß sich dem Ende neigte.

Die Prügel wurden eingestellt.
In Ordnung schien wieder die Welt.
So führten Tisch und Esel doch,
zum rechtmäßigen Besitzstand noch.
Der Drechsler stieg nun auf den Esel,
mit Tisch und eingesacktem Schlegel.
Bis daheim war es nicht mehr weit,
Gerechtigkeit kam mit der Zeit.

Nun hatten alle sich dann wieder,
gesungen wurden Freudenlieder.
Der Schneider und seine drei Helden,
hatten im Dorf jetzt viel zu melden.

Geladen wurden doch nun Gäste,
zu großen Mahl und buntem Feste.
Der Esel war mit und am Ende,
auch gern bereit für manche Spende.

* * *

Vier Musikanten

Ein Esel dient jahrzehntelang,
im Alter wurd' ihm angst ganz bang.
Sein Herr gibt nichts mehr auf sein Leben,
er will ihn nun zum Schlachter geben.
Der Esel ahnt was ihm nun droht,
nur Flucht schützt ihn noch vor dem Tod.
So macht er heimlich sich dann fort
zum Leben braucht's 'nen sich'ren Ort.

Dann auf dem Weg nach Irgendwo,
trifft er 'nen Hund, dem geht's auch so.
Dem Grautier klagt er nun sein Leid:
„Mein Herr hat an ihm nicht mehr Freud'".
Dem sich'ren Tod will er entgehen,
und sich woanders nun umsehen..
So schließt er sich dem Esel an,
mit dem er erst mal flüchten kann.

Und dann, nach ein paar Meilen,
hören die Zwei 'nen Kater heulen.
Die Zähne waren stumpf geworden,
drum will' sein Frauchen ihn ermorden.
Der Esel lädt ihn auch dann ein,
der Kater sagt nun auch nicht nein.
Zu dritt nun geht der Marsch erst weiter,
drei Stimmen singen schon mal heiter.

An einem Hof dann angelangt,
ein Hahn auch um sein Leben bangt:
*„Man will mir meinen Kopf abhacken,
danach soll ich im Ofen backen".*

Verständnis zeigt auch hier das Grautier,
er lädt ihn ein, nun sind sie Vier.
Der Gockel sieht nun seine Chance,
sein Krähen findet Akzeptanz.

Und weiter geht nun das Quartett,
fehlt nur 'ne Bleibe mit 'nem Bett.
Sie sehen dann in weiter Ferne,
den schwachen Schein einer Laterne.
Sie schleichen sich an's Haus heran,
ein Blick durchs Fenster erstaunt sie dann.
Halunken scheinen hier zu hausen,
am reich gedeckten Tisch sie schmausen.

Sie fassen Mut, es knurrt ihr Magen.
Die Räuber in die Flucht sie schlagen.
Der Größe nach und übereinander,
bringen sie die Räuber durcheinander.
Als die erblicken das Quartett,
vergessen sie dann das Kotelett.
Sie flüchten panisch aus dem Haus,
die viere führen fort den Schmaus.

Erschöpft und müde von der Flucht,
so jeder seinen Schlafplatz sucht.
Der Esel findet den Hof gemütlich,
der Hund schläft vor der Tür ganz friedlich.
Der Kater hinterm Ofen ruht,
der Hahn findet die Balken gut.
Das Licht wird endlich ausgeknipst,
für diese Nacht dann Ruhe ist.

Die Räuber fliehen in den Wald,
doch für die Nacht wird's wohl zu kalt.

Der Hauptmann sucht sich einen aus,
und schickt zurück ihn, in das Haus.
Er soll die Szene observieren,
und die Besetzer hinaus zitieren.
Der Kandidat schleicht sich nun ran,
will sehen was man machen kann.

Die vier Streiter schaffen Fakten,
als der Spion sie will kontakten.
Zuerst spürt er des Esels Huf,
da nützt ihm nichts sein Hilferuf.
Der Hund hat auch jetzt schlechte Laune
und schlitzt ihm auf die krummen Beine.
Der Kater zerkratzt ihm die Visage
Der Hahn laut kräht, welche Blamage.

Verwundet in den Wald er flüchtet,
dem Hauptmann panisch er berichtet:
"Wohl eine Hexe sei im Haus,
und die allein ist schon ein Graus.
Im Hof hat sie mich fast erschlagen,
ich konnte kaum ins Haus mich wagen.
Ihr Messer spürte ich am Aug',
vor Lachen hielt sie sich den Bauch".

Kein Räuber kommt dem Haus mehr nah,
und Angst vor'm Tod Geschichte war.
Nun, zum Gesang auch noch ein Wort:
Ob, Bass, ob Tenor, wie auch immer,
die Sangeskunst ging kaum noch schlimmer.
Zum Schluss nun wollen wir sie preisen
recht tapfer schlugen sich die Greisen.

* * *

Der süße Haferbrei

Es trägt sich zu in jenen Zeiten,
wo Wohlstand lässt sich schlecht verbreiten.
Im Kühlfach ist nie mehr als Licht,
Der Hunger nagt ganz fürchterlich.
Für Fräulein Tochter und Mama,
ist auch fast nichts zu Essen da.

Der Tochter reicht das Elend bald.
Und sucht nach Pilzen in dem Wald.
Auch Beeren will sie suchen,
und Ecker unter Buchen.
Ein Männlein kommt ihr in die Quere,
und fragt, was sie denn so begehre ?

Die Tochter sprach von ihrer Not
und von dem nicht vorhandenem Brot.
Das Männlein streicht lieb ihren Zopf
und schenkt sodann ihr einen Topf.
In dem man kochen konnte Brei.
Zutaten braucht sie nicht dabei.

Sie soll nur laut und deutlich sagen:
"Lieber Topf, mir knurrt der Magen"
Und schon beginnt die Kocherei,
und ruck zuck, fertig ist der Brei.
Du sagst zu ihm wenn's reichen muss:
"Lieber Topf, nun mach mal Schluss"

Die Tochter kehrt nach Hause dann
Die Mutter es nicht glauben kann.
Zu was der Topf im Stande ist,
und jederzeit man aus ihm isst.

Die Tochter verlässt dann mal das Haus,
und Mutter kriegt den Topf nicht aus.
Der Topf der kocht, und kocht, und kochte
zu stoppen sie ihn nicht vermochte.
Vergaß sie doch das Losungswort.
Der Brei quoll durch den ganzen Ort.

Aus dem Fenster war er gequollen,
kein Kind wird jemals soviel wollen.
Gott Lob, die Tochter kehrt zurück,
und wendet an den rechten Trick:
"Lieber Topf, nun mach mal Schluss"
Der Topf sein Werk beenden muss.

Der Brei im Ort reicht nun für Jahre,
Kein Krämer verkauft mehr seine Ware.
Zumindest keine Haferflocken,
die Kunden vor den Ofen locken.

Der süße Brei wurd' zur Legende,
die Nahrungsknappheit fand ein Ende.
Doch musst du stets das Selbe essen,
kannst du den Wohlstand auch vergessen.

* * *

Fuchs und Ursus

"Hey, Fuchs, besorg' mir was zu beißen,
sonst werd' ich dich in Stücke reißen".
So spricht der Bär stets mit dem Fuchs,
so dieser traut sich keinen Mucks.

Der Reinecke pariert wie immer:
"Ich weiß, wo sind für dich zwei Lämmer.
Beim Schäfer, gleich neben dem Wald,
da stiehlst du dir dann eines halt".

Gesagt getan, der Bär läuft los,
Im Kopf hat er die Lämmer bloß.
So dann bei diesen angekommen,
hat eines er gleich mitgenommen.

Doch blieb der Raub nicht unentdeckt,
der Hirte wird im Schlaf geweckt.
Gewarnt ist er so vor diesem Schuft,
vor Wut bekam er kaum noch Luft.

Ein zweites Lamm soll auch d'rann glauben,
der Schäfer erwischt den Bär beim Rauben.
Die Prügel treffen ihn so schwer,
das jaulend flieht sogleich der Bär.

Doch als sein Fell dann ist geheilt
er gleich zum Fuchse wieder eilt.
"Hey, Fuchs, besorg' mir was zu beißen,
sonst werd' ich dich in Stücke reißen".

Der Fuchs darauf spricht von dem Bäcker:
"Sein frischgebackenes Brot ist lecker,
und davon hat er wohl recht viel".
Klar ist des Bären nächstes Ziel.

Nun schleicht er in die Bäckerei,
stiehlt von dem Backwerk allerlei.
Auf frischer Tat wird er erwischt,
der Bäcker kräftig ihn verdrischt.

Und als geheilt sind seine Wunden,
wird er nach Nahrung sich erkunden.
"Hey, Fuchs, besorg' mir was zu beißen,
sonst werd' ich dich in Stücke reißen".

Der Fuchs, wie immer gut im Denken.
will nun den Bär in's Schlachthaus lenken.
"Im Schlachthof kannst du satt dich essen,
den Hunger wirst du schnell vergessen"

Dem Bär allein ist's zu gefährlich,
der Fuchs scheint diesmal unentbehrlich.
Gemeinsam dringen sie hier ein
die Tür dorthin war schmal und klein.

Der Bär der fraß und fraß und fraß
der Fuchs hat heimlich seinen Spaß.
Erkannte wohl das schlimme Ende,
wenn allzu rund wird seine Lende.

Nicht unentdeckt bleibt deren Tat,
ein Unheil für den Ursus naht.
Der schlaue Fuchs kann wohl entkommen,
hat Abschied durch die Tür genommen.

Doch für den Bär gab's kein Entfliehen,
der Garaus sollte ihm jetzt blühen.
Er rührte sich nicht mehr vom Flecken,
den in der Tür blieb er jetzt stecken.

Rapunzel

Die Mama bald ein Kind gebar,
in Nachbars Garten Salat viel war.
Der Papa sollte ihn stibitzen,
die Mama so vor Krankheit schützen.

Doch eines Tages wird er erwischt,
Die Hexe vor ihm steht und zischt:
„Den Rapunzel du berappst,
mit dem Kind, was ihr dann habt".

Dann war es so gekommen,
die Hexe hat das Kind genommen.
„Rapunzel" nannte sie es nur,
verschlossen blieb ihm jede Tür.

Und als die Jugend war gekommen,
sollt' es in einen Turm nun kommen.
In dem sollte es ewig leben,
es durfte keine Liebe geben..

Ihr Zopf war blond und ewig lang,
zum klettern diente er als Strang.
Und wenn die Hex' sie wollt besuchen,
tat sie den Zopf als Seil dann buchen.

„Rapunzel lass dein Haar hernieder
ich, deine "Mutter" ist es wieder
mach hin, ich will zu dir nach oben
der Teufel wird dich dafür loben."

So ging das ewig und drei Tage.
Doch brenzlig wurde dann die Lage,
als ein Prinz des nächtens kam.
Später wurde er ihr Schwarm.

Die Hexe musste er verachten.
Durch Zufall konnte er betrachten,
wie diese in den Turm gelangt.
Ein echter Held war nun verlangt

Und später in der Nacht darauf,
wollt' so der Prinz zu ihr herauf.
„Rapunzel lass dein Haar herunter,
so komm ich hoch und du wirst munter."

Die Hexe hat dies mitbekommen.
Danach hat sie den Turm erklommen.
Sie hat ihr erst den Zopf gekappt,
und sie dann in den Wald verklappt.

Der Prinz, der dieses ja nicht wusste,
zu Rapunzel steigen musste.
Der Zopf dann aus dem Turme hang,
der Prinz an ihm nach oben schwang.

Doch die Enttäuschung war immens,
als sich die Hexe ihm kredenzt.
Wo war Rapunzel abgeblieben?
Was hat die Hexe da getrieben?

Der Prinz verließ im freien Fall,
den Turm mit schmerzlichem Aufprall.

Ein Dornbusch vor dem Tod ihn schützte,
doch vor Erblindung das nichts nützte.

Die Welt für ihn war fortan dunkel.
Kein Sternlein sah er nun mehr funkeln.
Sein Ende schien ihm greifbar nah,
nun doch ein Wunder noch geschah.

Rapunzel stand plötzlich vor ihm
und ihre Tränen benetzten ihn.
Sein Augenlicht war wieder da,
so Finsternis Geschichte war.

Rapunzel stieg zu ihm aufs Pferd,
sind in sein Schloss dann heimgekehrt.
Das Herz der beiden stand in Flammen,
gehörten ewig jetzt zusammen.

Die große Hochzeit kam dann bald,
die Vögel sangen es im Wald.
Nur Harmonie und Töne geigten,
und Lust und Liebe Kinder zeugten.

Im Turm, da wurde es nun still,
weil niemand mehr nach oben will.

* * *

Frau Holle

In einem Haus in trister Lage
Vergingen schleppend nur die Tage.
Der Gartenbrunnen war recht tief.
Im Hause lief so manches schief.

Die Kinder, die im Hause lebten,
nicht sonderlich die Mutter liebten.
Die Marie war brav und artig ,
Die Lucy eher stur und garstig.

Marie am Brunnen war und schluchzte,
im Brunnen ihre Spule fiel.
Sie in den Brunnen steigen musste,
Die Mutter trieb ein übles Spiel.

Das Mädel tat was ihm befohlen,
stieg in die Tiefe gleich so dann.
Anstatt die Spule heraufzuholen,
ein Koma für sie erst begann.

Im Traume war sie aufgewacht,
und lag auf einer schönen Wiese.
Sich gleich hat auf den Weg gemacht,
die Blumen tanzten in der Brise.

Als sie gegangen war 'ne Weile,
und sie an einem Backhaus war,
hörte sie dort flehendes Geheule:
„Wir Brote müssen raus, sind gar".

Die Brote aus der Glut sie holte,
eines nach dem anderen dann

bevor der Fundus noch verkohlte.
Danach sie gleich wieder verschwand.

Und eine Weile später dann,
ein Apfelbaum um Hilfe bat:
„Das Obst ich nicht mehr tragen kann."
Der Baum wusste sich keinen Rat.

Den Baum zu schütteln sie begann,
die Äpfel fielen auf das Land.
Sie häufte auf sie gleich sodann,
Auch hier sie gleich darauf verschwand.

Sie war recht glücklich und auch heiter,
den Hilfe leisten tat sie gern.
So ging sie frohen Mutes weiter,
und sah ein Häuschen in der Fern.

Als sie so vor diesem stand,
ein altes Weib sprach dann zu ihr:
„ Ach bleib bei mir, geh mir zur Hand,
schüttle mein Bett, ich dank' es dir"

Das Mariechen war begeistert,
und willigte so gleich dann zu.
Begann die Arbeit recht erheitert,
denn leckeres Essen gab's dazu.

Frau Holle brauchte dieses Mädchen,
die Federn tanzten stets im Wind,
wenn morgens gingen auf die Lädchen,
ihr Bett geschüttelt wurd' geschwind.

Doch eines Tages Marie nun weinte:
„Ich möcht' nach hause wieder geh'n,

auch wenn es da nie war so schön."
Frau Holle dieses nicht verneinte.

Frau Holle ist so ganz gerührt,
und akzeptiert die Petition.
An das Tor sie es nun führt,
es wartete auf sie ihr Lohn.

Und als dies Tor war aufgegangen,
sah sie nur goldene Federn schweben.
An seinem Kleid blieb alles kleben.
Jetzt schien das Leben an zu fangen.

Als es dann prompt nach Hause kam,
die Mutter gleich das Gold wahrnahm.
Die Goldmarie war sehr willkommen,
wurd' sogar in den Arm genommen.

Die Mutter wurd' vor Gier ganz fiebrig
bedrängte nun die Lucy nur:
*„Auch dir, mein Kind bleibt gar nichts übrig
wirst gehen nun die gleiche Tour"*

Der Anfang war zunächst der gleiche,
auch sie im Brunnen dann verschwand.
Doch stellte anders sie die Weiche,
was später erst hat sie erkannt.

Das Brot ließ es verbrennen,
die Äpfel ließ es hängen.
Es war so auf das Gold fixiert,
ahnt nicht dass alles eskaliert..

Auch als es vor Frau Holle stand,
Ihr Angebot auch hier nun galt:

„ Ach bleib bei mir, geh mir zur Hand,
schüttle mein Bett, ich dank's Dir bald. "

Na also, klappt doch, dacht' sie nur,
und stieg zum Schein in den Deal ein.
So blieb es bei der Arbeit stur:
"Ich bring das Gold auch so schon heim".

Doch diese Rechnung ging daneben.
Frau Holles Dank sah anders aus.
Nicht goldene Federn ließ sie schweben.
Es gab nur Pech, es war ein Graus.

Es stank nach Pech, es roch nach Schwefel.
Das war der Lohn für diesen Frevel.
Die Freude wich sogleich dem Graus,
zur Hölle wurd' der Weg nach Haus.

Als sichtbar wurde, die Blamage,
und die damit verbundene Schmach.
Die Mutter zornig und in Rage,
vertrieb die Lucy gleich danach.

Und ob es wirklich so geschah?
Die Holle ihren Mann nur deckte?.
Ihr Hollerich im Haus gar war?
Und junges Blut Gelüste weckte?

Dann war der Lohn für etwas anderes !
Dann war Marie nur recht und billig !
Die Gage gab's, weil sie war willig !
Und weil die Lyci blieb stets stur,
gab es für sie den Schwefel nur?

* * *

Hänsel und Gretel

Im Wald fällte er stets die Eichen,
zum leben sollte dies nicht reichen.
Von Hänsel, Gretel war er Vater
die zweite Frau nahm er sich später.
Die Kinder waren ihr zu teuer.
Aus ihrer Sicht auch nicht geheuer.

Für immer sollten sie verschwinden.
und ihre Zukunft alleine finden.
Der Vater, der sich anfangs sträubte,
sich letztlich seiner Frau doch beugte.
Wie immer ging es in den Wald,
Motiv war jetzt ein anderes halt.

Im Wald soll'n sie verschwinden,
die Heimat nie mehr wiederfinden.
Der Hinterhalt ist kaum zu glauben,
was sich die Eltern da erlauben.
Der lange Marsch zwang sie zur Rast,
was zu dem Plan ja bestens passt.

Vor Müdigkeit schliefen sie ein,
die Alten ließen sie allein.
Die beiden Kinder bemerkten dann,
der Eltern ihren falschen Plan.
Sie irrten planlos durch den Wald,
entdeckten dann ein Häuschen bald.

Sie näherten sich dem Gemäuer,
doch schien es ihnen nicht geheuer.
Die Märchenwelt war hier zu Haus,

es sah eher wie ein Backwerk aus.
Wenngleich das Süße sie verführte,
ein jeder Unheil doch verspürte.

Und wie es zu erwarten war,
stand plötzlich eine Alte da.
Sie war so hässlich wie die Nacht,
bestätigte nun den Verdacht.
Sie bat die Beiden reinzukommen,
nicht möglich schien mehr ein Entkommen.

Sie tat sehr freundlich: *"Kommt herein,*
ihr könnt jetzt erst mal bei mir sein.
Esst nun mal was und ruht euch aus"
Ängstlich betraten sie ihr Haus.
Jedoch vor lauter Müdigkeit,
vergaßen sie die Hässlichkeit.

Den Bub entführt im Schlaf sie leise,
und denkt, er dient mir bald als Speise.
In einen Käfig sie ihn sperrt,
sein junges Fleisch sie nur begehrt.
Er sollte fett sein wie 'ne Gans,
den Braten will sie mit viel Glanz.

Tag täglich seine Mast sie prüfte,
der Bub den Finger zeigen musste.
Wenn dieser rund und fleischig schien,
dann ging es an den Kragen ihn.
Das Schwesterchen durchschaut das Luder,
muss retten unbedingt den Bruder.

Sie steckt ihm ein Knöchlein zu,
den zeigt der Bub der Hexe nun.

Doch die bemerkt die Täuschung nicht
und denkt, zu dünn ist noch der Wicht.
Als dann einmal kein Brot da war,
ein Backhaus stand am Haus ganz nah.

Die Hexe in ihm Feuer machte,
und Gretel heimlich dabei lachte.
Die Glut bringt endlich nun die Wende
die Hexerei findet ihr Ende.
Nun Gretel gleich zum Hänsel eilt
und ihm die Neuigkeit mitteilt.

Ein viertel Jahr war schon vergangen,
in dem der Bruder war gefangen.
Befreit so ihn aus seinem Zwinger,
Der Bub zeigt nun den Mittelfinger.
Das Glück war jetzt auf ihrer Seite,
und beide suchten dann das Weite.

Nun kam die letzte Hürde,
die nicht ganz einfach werden würde.
Den Weg nach Hause war recht weit,
und durch den dunklen Wald nicht leicht.
Das Schicksal hatte doch Erbarmen,
die Kinder bald nach Hause kamen.

Die Stiefmutter zum Teufel ging,
Die Liebe war eh nicht ihr Ding.
Wenngleich der Vater war devot,
zu Ende war die größte Not.
Zum Wiedersehen gab's eine Fete,
mit Papa, Hänschen und der Grete.

* * *

Das Bürlie

Der Tod spielt mit des Bürlies Dimmer,
so stirbt er dann in seinem Zimmer.
Die Fahrt ins Jenseits steht bevor,
zum Petrus, an das Himmelstor.

Im Schloss stirbt auch ein reicher Graf,
der war jedoch meist nicht so brav.
Auch er tritt an die letzte Reise
So wie das Bürlie, nur nicht leise.

Die beiden kommen zeitgleich an,
und klopfen an die Tür sodann.
Der Graf der wird erwartet schon,
Das Bürlie wartet erst mal schön.

Mit Pauken und Trompeten
wird' nun der Graf hinein gebeten.
Umschwärmen ihn sogleich die Engel,
in einem lustvollem Gedrängel.

Als sein Empfang ein Ende fand,
reicht man dem Bürlie erst die Hand.
Doch still und leise wird's im Entree,
das tut dem Bürlie dann schon weh.

Er fragt den Petrus dann warum
sind alle nun bei ihm so stumm?
Die Antwort kommt mit leichter Häme,
weil er als Bürlie nur herkäme.

* * *

Die weiße Schlange

In einem Land ein König herrscht,
er war recht weise und gelehrt.
Jede Kunde war ihm bekannt,
das ganze Volk so zu ihm stand.

Nur einige seiner Manieren,
die konnte niemand recht kapieren.
Um eins begann die Hauptmahlzeit,
die nahm er ein mit Frau und Leut'.

Doch wenn er "aß" dann sein Dessert,
lag auf Gesellschaft er kein' Wert.
Der Diener reicht ihm täglich dann,
eine Terrine aus Porzellan.

Der Inhalt blieb geheimnisvoll,
was aß er da, was war so toll?
Doch eines Tages wurde klar,
was wirklich in der Schüssel war.

Weiß wie Schnee war dies Reptil,
war sprachbegabt und versatile.
Stets sprach der König mit der Schlange,
vor keiner Sprache war es Bange.

Und alles was nur keucht und fleuchte,
sie dessen Sprache haucht und fauchte.
So war des Königs Kommunikation,
mit jedem Tier nun möglich schon.

Dem Diener nun die Neugier kam,
klammheimlich die Terrine nahm.

Des Rätsels Lösung war ihm klar,
als er die Wunderschlange sah.

Sie sprach mit ihm wie mit dem König,
verstand die Tiere schon ein wenig.
Doch das Geheimnis muss er hüten,
weil Konsequenzen ihm sonst blühten.

Und eines Tages zur Mittagszeit
verschwand aus purem Gold ein Ring.
Wo konnt' er sein, wohl nicht so weit?
Wer drehte hier ein krummes Ding?

Der König denkt, der Diener stiehlt,
und er ihn gleich zu sich befiehlt.
So stellt er ihm ein Ultimatum,
zur Rückgabe nennt er ein Datum.

„Wenn dieses nicht wird eingehalten,
dann wird gerechte Strafe walten".
Der Diener ist sehr irritiert,
doch in der Sache engagiert.

So schlich er sich zum Stall der Enten,
will hören was die dazu denken.
Denn er glaubte wohl zu hören,
ein Ring im Hals würd' einer stören.

Sogleich packt er sich dieses Tier,
und würgt den Hals ihm dann dafür.
Der Ring war plötzlich wieder da,
der Butler aus dem Schneider war.

Der König kannte seinen Diener,
nicht wirklich war er ein Schlawiner.

Als Dank schenkt er ihm dann ein Pferd,
und Geld und Gold von hohem Wert.

Vom großen Trip träumt stets der Page,
jetzt wär' dazu er in der Lage.
Der König lässt ihm freien Lauf,
und nimmt die Trennung so in Kauf.

Der Duft der großen Welt
macht so den Diener dann zum Held.
Er so vergnügt den Ritt genießt,
und sieht wie dort ein Bächlein fließt.

Er steigt hinab von seinem Ross,
drei Fische er ins Herz einschloss.
Um Hilfe hörte er sie bitten,
im Ufergras sie hängend litten.

Der edle Ritter sie befreit,
und hört wie das die Fische freut.
Die Fische dankten ihm deswegen:
"Den Lohn dafür, den wird's bald geben".

Die Freiheit in die "Hand" genommen,
sind sie dann fröhlich fort geschwommen.
Das nächste Fall soll nicht lang warten,
die Hufe auf Ameisen traten.

Der Reiter hört dessen König rufen.
"Uns töten deine Pferdehufen".
Der Reiter so sein Pferd umlenkt,
und an die Ameisen gern denkt.

"Den Lohn dafür, den wird's bald geben".
Bedankt sich so beim Ritter eben.

Die Ameisen, die waren heiter,
und krabbelten erleichtert weiter.

Dann kam der Reiter in den Wald,
das nächste Malheur kam dann bald.
Auf dem Pfad saßen drei Raben,
vom Reifegrad war'n es noch Knaben.

Sie flattern, jammern und verraten,
was ihre Rabeneltern taten.
Aus dem Nest wurden sie entfernt,
die Eltern hatten sie verhärmt.

So fehlten ihnen nun die Nahrung,
den Reiter baten um Erbarmung.
Er achtsam stoppt sodann sein Pferd,
und aus dem Rock ein Brotlaib zerrt.

In drei Brocken tat er es reißen,
die Vögel hatten dann zu beißen.
Zwitschernd gaben sie zu verstehen:
"Den Lohn dafür, den wird's bald geben".

Sie flattern fröhlich an den Rand,
der Hunger nun sein Ende fand..
Der Reiter, der muss auch nun weiter.
Vor Stolz wurden die Schultern breiter.

Sein nächstes Ziel ist eine Stadt,
die ein Fest zu feiern hat.
Des Grafen Tochter soll sich vermählen.
Doch welchen Mann soll sie nur wählen?

Als nun der Reiter erblickt die Hübsche,
erkennt für sich sogleich die Nische.

Er wagt sich gleich an sie heran,
doch leicht er sie nicht haben kann.

Es gab so noch eine Barriere,
die noch zu überwinden wäre;
Die ganze Stadt war sehr gespannt,
ob dieser diesen Schatz wohl fand?

Der in dem nahen See versank.
Doch der Bewerber hatte Freunde,
von denen er so oft mal träumte.
Die Fische schuldeten ihm Dank..

Sie hörten von des Reiters Sorgen,
sollten den Schatz auch für ihn bergen.
Den Schatz er gleich zum Grafen trägt,
die Hochzeit dennoch nicht erwägt.

Der Graf stand nie zu seinem Wort,
Schikanerie macht er zum Sport.
Denn dieser Job war kaum zu meistern,
und konnten nur ein Volk begeistern.

In seinem großen Garten
sollte der Auftrag auf ihn warten.
Zehn Säcke Hirse sind aufzulesen,
sonst wär' die Chance dahin gewesen.

Der junge Fremde kennt ein Volk,
das garantiert ihm den Erfolg.
Nicht geringere als die Ameisen
nun ihre Dankbarkeit erweisen.

Sie kommen alle angerückt,
der Auftrag schnell Geschichte ist.

Doch ist der Graf noch nicht zufrieden,
und hat zuletzt dann noch entschieden.

Ein goldner Apfel muss noch her,
erst dann fand er die Hochzeit fair.
Der Baum, am Ende dieser Erde,
erreichbar nicht ein mal zu Pferde.

Und so in seiner letzten Not,
denkt an die Raben, an das Brot.
Den Apfel könnten die besorgen.
Und schon am nächsten frühen Morgen

Sah er am Himmel die drei Raben,
im Schnabel sie den Apfel haben.
Die letzte Hürde war genommen,
nun sollte er die Braut bekommen.

Es gab ein großes Fest sodann,
und alle Freunde reisten an.
Und auch die Raben, und die Fische
saßen am gut gedecktem Tische.
Zigtausend Gäste waren da,
einschließlich die Armeisenschar.

Vom Feinsten gab es nur das Beste.
Und jeder kam in feinster Weste.
Auch übrig blieben keine Reste,
auf dem schönsten aller Feste.

Und nun das aller aller Letzte:
Das Paar pfiff bald auf all' die Gäste,
entdeckten dann für sich das Beste.

* * *

Der Froschkönig

In der Provinz in einem Schloss
lebte ein König mit drei Töchtern.
Dort selten eine Träne floss
und Glück strahlte in den Gesichtern.

Das Schloss umgab ein schöner Garten,
in ihm ein tiefer Brunnen war.
Doch ein Malheur sollte nicht warten,
als dann mal folgendes geschah.

Die Jüngste so am Brunnen stand,
mit ihrer Kugel spielte.
Aus purem Gold diese bestand,
sie achtlos in den Brunnen zielte.

Die Freude hielt sich wohl in Grenzen,
die Kugel schien für immer fort.
Doch plötzlich gab es dennoch Chancen
an diesem schicksalshaften Ort.

Ein Frosch am Brunnenrand auftauchte,
die goldene Kugel in der Hand.
Vor Glück erstrahlte die Erlauchte,
ihr Blick war auf das Gold gebannt.

„*So gib sie her, die Kugel*"
fuhr sie den Frosch recht böse an.
Doch dieser, begossen wie ein Pudel,
nannte den Preis dafür sodann:

"*Ich werde diese dir erst geben,
wenn du mich wählst zu deinen Mann.*

Nach Höherem will ich nun streben.
Dein Leben teilst du mit mir dann".

Die Königstochter sehr verzweifelt,
stimmte der Not gehorchend zu.
Den Plan sie selbst jedoch vereitelt,
und mit der Kugel verschwand im Nu.

Im Glauben alles sei jetzt gut,
war ihre Stimmung scheinbar heiter.
Der Frosch, erfasst von seinem Mut,
forderte sein Preis stets weiter.

Er tauchte auf im Speisesaal
und wollt' von ihrem Teller essen.
Zum König sprach sie von dem Deal:
„Der Frosch will mich erpressen".

Der König darauf klipp und klar:
"Ein Versprechen hast du ihm gegeben.
Und ist die Story wirklich wahr,
teilst du mit ihm das Leben eben".

Und als die Nacht war angebrochen,
wurd' für sie krasser noch die Qual.
Als er zu ihr ins Bett gekrochen,
küsst er sie auf den Mund zweimal.

Doch plötzlich gab es eine Wende,
auf eine Jüngling sie nun blickte.
Der Kuss führte zum happy Ende,
die Uhr nun völlig anders tickte! !?

* * *

Schneewittchen

Es war in einem Januar,
die Königin am Fenster war.
Ihr Hobby war die Handarbeit,
vertrieb sich täglich so die Zeit.
Sie stickt an einem Motiv ganz stolz,
umrahmt von schwarzem Ebenholz.

Doch als sie vor die Türe kam,
sie Blut an ihrer Hand vernahm.
Beim Sticken stach sie leider sich,
so Blut aus ihrem Finger wich.
Ein wenig tropfte in den Schnee,
da kam ihr nun eine Idee:
„Ein Mädchen wär' mein ganzer Stolz,
mit Haaren schwarz wie Ebenholz.
Ihr Teint wie Schnee und rot ihr Mund
zur Freude hät' ich allen Grund".

Der König hat das wohl vernommen,
ist auch so gleich zu ihr gekommen.
Gesagt, getan, im knappen Jahr,
war endlich das Schneewittchen da.
Und wie gehofft, war es sehr süß,
und keinen Wunsch es offen ließ.

Die Königin nun Mutter war,
ein Unglück jedoch bald geschah.
Sie litt an einer Infektion,
zu Ende ging ihr Leben schon.
Und als die Trauer war passe,

von gestern wurde bald der Schnee.
So nahm er sich 'ne neue Frau,
sehr eitel war sie und auch schlau.
Recht seltsam zudem, wie sie tickte.
Sie ständig in den Spiegel blickte:

"Ach Spiegel , Spiegel an der Wand,
wer ist die Schönste im ganzen Land" ?
Der Spiegel gab ihr zu verstehen:
"Nur du bist einzigartig schön!"
Nichts anderes wollt' die Gattin hören,
stets zwanghaft musst' sie sich betören.

Schneewittchen wuchs jedoch heran,
zog junge Männer in den Ban.
Die Stiefmutter schöpfte Verdacht,
und hat das Mädchen stets bewacht..
Sie würde sie so gerne töten,
ein Mordplan wurde nun von Nöten..

Und eines Tages vor dem Spiegel:
"Ach Spiegel, Spiegel an der Wand
Wer ist die schönste im ganzen Land" ?
Der Spiegel gab ihr zu verstehen:
".. du warst mal einzigartig schön,
doch jetzt muss ich wen anderes sehen!"

Schneewittchen konnte das nur sein,
bestellte gleich den Förster ein
Ihm musste sie's berichten,
Der soll die Schmach nun heimlich richten.
Aus dem Weg soll er sie räumen,

von was soll sie vor'm Spiegel träumen.
In den Wald soll er sie führen,
und den Hals ihr dann abschnüren.
Und als Beweis für seine Tat,
ihn um das Herz der Toten bat.

Der Förster befolgte ihre Order,
Doch letztlich wurd' er nicht zum Mörder.
Er gab dem Mädchen freien Fuß,
und es sich selbst nun überließ.
Doch als Beweis braucht er ein Herz.
Erlaubt sich einen krassen Scherz.
Ein Wildschwein sollte daran glauben,
und dessen Herz als Nachweis taugen.

Ihr Spiegel, auf des Försters Seite,
belügt zunächst mal erst die Alte:
"Ach Spiegel Spiegel an der Wand
Wer ist die schönste im ganzen Land" ?
Der Spiegel gibt so zu verstehen:
"Nur du bist einzigartig schön!"
Die Alte erlag der Suggestion,
und war damit zufrieden schon.

Das hübsche junge liebe Mad,
fand für sich nun auch einen Pfad.
Sie lief nicht lange durch den Wald,
vor einem Häuschen stand sie bald.
Es war so lieblich anzusehen,
da musste erst mal rein sie gehen.
Und was sie sah und dann geschah,
glich einem Märchen ganz und gar.

Das Haus war so schön aufgeräumt,
das jede Magd nur davon träumt.
In ihm schien alles friedlich,
die Möbel waren allzu niedlich.
Sieben Tischlein gab es zu sehen,
Sieben Bettchen sah sie da stehen.
Sieben Tellerchen schmückten den Tisch,
Sieben Deckchen rochen so frisch.

Es war alles so wundersam,
in ihr Vertrauen nun aufkam.
Und weil sie doch so hungrig war
nascht sie vom Tischchen hier und da.
Auch müde war vom langen Tag,
sie bald im fremdem Bettchen lag.
Doch in der frühen, finsteren Nacht,
sich hat das Türchen aufgemacht.

Sieben Leute kamen rein,
ach, wie waren die so klein.
Und als die Hübsche sie erblickten,
sie sich vor Rührung fast verschluckten..
Wer war nur diese hübsche Maid ?
Die unser Gast ist hier und heut' ?

Und ein Gemurmel war zu hören:
"Sie soll nur bleiben, wenn sie mag!"
Kein Wunder, wie sie da so lag!
Das Mädchen stimmte diesem zu,
als sie erwachte aus der Ruh.
Denn das Asyl war ihr willkommen,
der Stress war ihr erst mal genommen.

So gab es Rat und Tipps drei, vier
Sie sollte öffnen nie die Tür.
Das sie am Tag sei ganz allein,
und niemals jemand lässt herein.
Sodann erklärten ihr die Sieben,
was sie den ganzen Tag so trieben:
„Wir graben tief in einem Stollen,
wir unseren Lohn verdienen wollen"

Derweil im Schloss des reichen König
vermisste man sie schon ein wenig.
Die Stiefmutter sah dies nicht so,
und wurd' nur vor dem Spiegel froh:
"Ach Spiegel , Spiegel an der Wand
Wer ist die Schönste im ganzen Land" ?
Der Spiegel räumte ihr dann ein:
" Schneewittchen wird es fortan sein"
Das war zu viel für diese Frau,
das dieses Gör ihr stahl die Schau.
"Dafür wirst sterben du recht bald,
ich finde dich in deinem Wald".

Im Morgengrauen begann die Schicht,
Mit Hacke und mit Spaten,
mit Schaufel und mit Harken.
Da nützten auch die Sorgen nicht.
Schneewittchen blieb allein zurück,
nur fehlte ihr wohl heut' das Glück.

Die Stiefmutter beschwor sich Rache,
und plante eine üble Sache.
Getarnt als armes Mütterchen,

klopft sie an das kleine Türchen.
Schneewittchen ohne Achtsamkeit,
öffnet die Tür für sie ganz weit.
Einen Kamm soll sie nun nehmen,
am Ende sollte sein ihr Leben..
Ihr Haar sie mit dem Kämme kämmte
und ihr Bewusstsein damit lähmte
Zu Boden sank das arme Kind,
die Hex' verschwand sodann geschwind.

Und als die Schicht zu Ende war,
standen die Sieben sprachlos da:
"Wer hat das liebe Kind gemeuchelt,
damit es so zu Boden strauchelt".
Den Kamm zogen sie aus ihrem Haar,
Gott Lob das Kind war wieder da..
Die Zwerge warnten sie eindringend:
„Die Tür bleibt zu, das ist nun zwingend".
Schneewittchen weinend garantiert,
dass dieses nicht noch mal passiert.

Dann in's Chateau zurückgekehrt,
die Alte an den Spiegel zerrt:
"Ach Spiegel, Spiegel an der Wand,
wer ist die Schönste im ganzen Land" ?
Der Spiegel wiederholt sich doch:
" Schneewittchen ist es immer noch"!
Der Hass ihr fast den Atem nahm,
die Lust am Morden wiederkam.
Als dann der Mond der Sonne wich,
die Hexe aus dem Schlosse schlich.
Die Zwerge waren schon im Stollen,

weil in der Früh sie da sein sollen.
Das Mädchen war allein zu Haus,
doch folgte nun der nächste Graus.

Die Türe öffnete sie wieder
und vor ihr stand das böse Luder.
Mit Obst kam sie sie nun besuchen,
mit einem Apfel wollt sie's versuchen.
Die Frucht war wohl kontaminiert,
damit der Tot endlich passiert.

„So nimm und beiße in ihn rein",
sprach freundlich sie nur so zum Schein.
„Er ist so süß und so gesund",
Sie nahm ihn so in ihren Mund
und taumelte und sank hernieder.
Sie streckte von sich alle Glieder.

Die Wichte mussten sie bestatten,
denn keine andere Wahl sie hatten.
In einem Sarg aus Glas sie lag,
die ganze Nacht, den ganzen Tag.
Doch eines Tages kam per Ross,
ein Ritter, dem 'ne Träne floss.

Der Held erschien recht seriös,
war sehr gewandt, nicht adipös:
"Oh bitte, bitte, gebt mir den Sarg,
ich ständig sie nun anschau'n mag"
Man schenkte ihm den Sarg aus Glas
und Freude in den Augen las.

Sodann die Schöne er gleich küsste,
und diese sogleich aufstehen musste.
Sie lächelte, war wieder da,
ein Wunder offenbar geschah.
Und alles wurd' wie es sein sollte,
die Braut vom Ritter sie sein wollte.

Schneewittchen kehrte ins Schloss zurück,
denn mit dem Ritter kam das Glück.
Und wie es ist in jedem Märchen,
wurd' nun aus denen auch ein Pärchen.
Und was nur logisch ist und richtig,
wurd' für Schneewittchen anderes wichtig.

Die sieben Zwerge
verschwanden über alle Berge.
Sie mussten ja in Ihren Stollen,
was hät' Schneewittchen da schon wollen?

Und der Spiegel an der Wand,
klammheimlich dann im Müll verschwand.

Rumpelstilzchen

Ein Müller war stets ohne Mittel,
so brannte ständig ihm der Kittel.
Um die Finanzen aufzustocken,
soll ein Termin beim König locken.
Sodann zum König ging er hin,
und erhoffte so für sich Gewinn.

Bei ihm dann angekommen,
nahm er den ganzen Mut zusammen.
Er prahlte mit seiner Tochter dann,
die Heu in Gold verwandeln kann.
Der König außer Rand und Band,
noch mehr Reichtum er gut fand..

Die Tochter sollte baldigst kommen,
und mit der Arbeit rasch beginnen.
Er sperrte sie ins Heu der Scheune,
Wenn's klappt nennt er die Tochter Seine.
Die ganze Nacht hatte sie Zeit,
vom weinen nass war schon Ihr Kleid.

Ein kleiner Gnom ihr Weinen hörte,
und ihn das mitleidsvoll doch störte.
Klopft er dann an die Scheunentüre,
fragt nach was ihr denn so pressiere?
Vom Gold erzählt sie sorgenvoll,
was sie aus Heu nun spinnen soll.

Der kleine Mann fing an zu lachen,
erklärte ihr: *„Ich kann das machen..
Umsonst jedoch ist nur der Tod."*

Den Ring gab sie ihm in der Not.
Es sollte ihm gelingen,
Das Gold fing an zu klingen.

Die erste Nacht dann war vergangen,
das Männchen war schon heim gegangen.
Der König kam zur Scheune rein,
und sprach: *„Mein Gott, wie kann das sein?"*
Überkam ihm doch die große Gier,
befahl dem Mädchen: *„Bleib noch hier".*

Und in der Folgenacht darauf,
geht eine größere Scheune auf.
Auch hier sollte sie wieder spinnen,
und mit der Arbeit gleich beginnen.
Das Männchen war wieder gekommen,
als Lohn ein Armreif hat genommen.

Und auch nach dieser langen Nacht,
der König, als er aufgewacht,
nach dem Ergebnis wollte sehen
und musste diesmal auch gestehen,
dass fast es nicht zu glauben war,
was mit dem Heu wieder geschah.

Zum dritten Mal soll sie noch rann,
erst dann sie Hoheit werden kann.
Das Männchen auch bereit noch war,
doch für den Lohn war nichts mehr da.
So fordert es ihr erstes Kind,
begann die Arbeit dann geschwind.

Die letzte Nacht galt noch dem Spinnen,
und diesmal sollte sie gewinnen.

Des Königs Reichtum wurd' unermesslich,
die Hochzeit so dann unerlässlich.
Ob dies des Mädchens Glück sein würde?
Vergaß sie doch die letzte Hürde.

Und als der König sie dann nahm,
ein Kind sodann von ihm bekam.
Das Männchen übt sich in Geduld,
doch fordert ein nun ihre Schuld.
Die Arme fing das Weinen an,
doch eine Chance gab es noch dann.

Und so nun neue Regeln galten:
„Dein Kind kannst du erst mal behalten,
doch meinen Namen musst du nennen,
sonst wird dein Kind dich bald nicht kennen".
Die Mutter überlegte nun,
im Kopf hatte sie viel zu tun.

„Bist du vielleicht Peter, oder Paul,
oder auch Franz, Heinz oder Saul ?"
„Ach was", dementierte nur das Männchen,
„ich bin nicht Heinz und auch nicht Hänschen"
Doch eines Tages verriet im Tanz,
das Männchen seinen Namen ganz.

Als es dann bei ihr wieder war,
es ahnte nicht was nun geschah.
Voll Zorn ins Erdreich es sich rammte
als sie ihn *„Rumpelstilzchen"* nannte.
So hat sie nun das Spiel gewonnen,
den König doch nie ernst genommen.

★ ★ ★

Aschenputtel

Es trug sich zu vor langer Zeit,
da ging die Bosheit wohl zu weit.
Drei junge Mädchen lebten im Haus,
für eine war's der pure Graus.
Und da sie Stiefschwester nur war,
kam ihr das Schicksal nun so na.

Die Mutter, und die beiden Schwestern,
hatten immer was zu lästern.
Genannt wurde sie Aschenputtel,
trug darum nur verrußte Kittel.
Sie war viel schöner als die zwei,
doch lief das Glück an ihr vorbei.

Im nahen Schloss, in der Provinz,
lebte ein hübscher junger Prinz.
Er sollte sich nun bald vermählen,
und wollt 'ne junge Braut sich wählen.
Im Schloss ein großes Fest fand statt,
so jede Frau 'ne Chance nun hat.

Den zwei Schwestern galt nicht die Kunde,
ohne Chance war'n sie im Grunde.
Doch machten sie sich trotzdem fein,
und ließen Aschenputtel allein'.
Sie sollte jetzt die Linsen lesen,
zwei Tauben sind dabei gewesen.

Jedoch, nachdem sie blieb zurück,
kam doch zu ihr das große Glück.

Zwei Elfen gingen ihr zu Hand,
und zauberten ihr ein Gewand.
Sie war so schön in diesem Kleid,
dass jede Frau wurd' blass vor Neid.

Der Zauber wirkte doch nur Stunden,
sie musste dann den Absprung finden.
Doch war es ihre große Chance,
dabei zu sein, beim Ball, beim Tanz.
Denn ihre dummen, halben Schwestern,
gaben dem Prinz Anlass zum lästern.

Als sie den Ballsaal nun betrat,
der Prinz um einen Tanz sie bat.
Er war, mein Gott, nicht mehr zu halten,
ganz plötzlich andere Regeln galten.
Er schien sich mächtig zu verlieben
das Glück doch sollte sich verschieben.

Das Aschenputtel musste nach Haus,
die Zauberkraft ging nun bald aus.
Und auf der Flucht so gegen zwei,
verlor sie einen Schuh dabei.
Im Park des Schlosses blieb er liegen,
und ihre Chancen nun wohl stiegen.

Am nächsten Tag, der Prinz nicht faul,
schwang sich auf seinen edlen Gaul.
Er musste dieses Mädchen finden,
von dem er hat den Schuh gefunden.
Denn diese Frau, die ihn vermisst,
für ihn die einzig Wahre ist.

Der Fuß zum Schuh war nicht zu finden,
so musste er sich überwinden,
die schrägen Weiber zu besuchen.
Will's bei den Töchtern nun versuchen.
Die Töchter waren hoffnungsvoll.
Das Resultat war nicht so toll.

Der eine Fuß war vorn zu lang,
als er sich in den Schuh so zwang.
Da half auch nicht Amputation,
das Blut im Schuh verriet das schon.
Doch passt auch nicht der Fuß der Zweiten,
und so nicht in den Schuh konnt' gleiten.

Beim Aschenputtel wird er nun passen
und Freudentränen reichlich flossen
So nahm der Prinz die neue Braut,
das Paar nun in die Zukunft schaut.
Und alles was hat Rang und Namen,
geladen zu dem Feste kamen.

Die Arroganz war nun vorbei,
nur Schmach vereinte noch die Drei.
Und so, wie einst das Aschenputtel,
blieben sie daheim, im grauen Kittel..
Denn junge Männer hämisch winkten,
wenn diese so zum Schlosse hinkten.

* * *

Die drei Federn

Der König lebte mit drei Söhnen,
in einem Schloss, einem sehr schönen.
Er war nicht mehr der Jüngste.
Der kleinste wirkte wie der Dümmste.
Die anderen zwei schienen normal,
das war dem Jüngsten bald egal.

Der König bald die Tage zählte,
und seinen Thronfolger nun wählte.
Drei Federn blies er in den Wind,
die Richtung für die Söhne sind.
Und jeder folgte einer dann,
soll zeigen, ob er König kann.

So sprach er nun zu seinen Söhnen,
und hoffte, dass sie ernst ihn nehmen:
„Wer mir den schönsten Teppich bringt,
der dann den Thron nach mir bezwingt".
Die eine schwebte Richtung Westen,
Der andere tat's in Richtung Osten.

Die Mittlere dem Jüngsten galt,
die machte vor den Füßen halt.
Er musste sich nur bücken,
das sollte ihn beglücken.
Und als er wollt' die Feder nehmen,
da fing die Erde an zu beben.

Sie öffnete sich einen Spalt,
und hörte, wie ‚ne Stimme hallt:

"Ach komm doch näher, junger Mann,
sag mir wie ich dir helfen kann"
So saß dort eine alte Kröte,
die wohl erkannte seine Nöte.

Vom Teppich sprach sodann der Jüngste,
die Unke nahm ihm gleich die Ängste:
"Ich habe einen solchen da,
sieh, ist der nicht wunderbar ?"
So nahm er diesen dankbar an,
und brachte ihn dem Vater dann.

Die zwei Brüder doch nur lachten,
und nicht an's Glück des „Dummen" dachten.
"Egal was wir nach Hause bringen,
dem Dummen wird kein Glück gelingen."
Sie trugen heim, die letzten Fetzten,
sich so die letzten Zeichen setzten.

Der König sprach nun zu den Söhnen:
„Den neuen König wird's nun geben.
Der Jüngste besteigt nun meinen Thron,
denn nur sein Teppich ist echt schön."
Die Beiden lautstark protestierten,
und einen Zweitversuch forcierten.

Der König willigte zögernd ein.
"Den schönsten Ring bringt mir nun heim".
Wie vor lies er drei Federn fliegen,
und eine blieb, wie vor, gleich liegen.
Dann eine Richtung Westen.
Die andere Richtung Osten.

Und wieder tat sich auf der Spalt,
und wieder eine Stimme hallt.
"Ach komm doch näher, junger Mann,
sag mir, wie ich dir helfen kann"
Auch nun saß da, die alte Kröte,
die wohl erkannte seine Nöte.

Vom goldenen Ring sprach nun der Jüngste.
Die Alte nahm ihm gleich die Ängste:
"Ich habe einen solchen da,
sieh mal, ist der nicht wunderbar ?"
So nahm er diesen dankbar an,
und brachte ihn dem Vater dann.

Die anderen Zwei nun wieder lachten,
und nicht an's Glück des Jüngsten dachten.
"Egal was wir nach hause bringen,
dem Dümmsten wird kein Glück gelingen."
Sie brachten heim ein Ring aus Stahl,
und dachten, das ist erste Wahl.

Der König sprach: *"Auch dieses Mal,*
fällt auf dem Jüngsten jetzt die Wahl.
Seht her, den Ring, den er gebracht,
auch diesmal er das Rennen macht".
Die Brüder glaubten nur an Fluch,
so gab es noch einen Versuch.

Der König sprach: *„Zum letzten Mal"*
und stellt den Thron letztmals zur Wahl.
Und wieder sollen die Söhne ringen,
die schönste Frau im Land zu bringen.
Nun gab's das letzte Federspiel,

gelernt haben die Zwei nicht viel.

Zum dritten mal klafft auf die Spalte,
und wieder diese Stimme hallte:
"Ach, komm doch näher junger Mann,
sag mir wie ich dir helfen kann."
Und wie von einer Geisterhand,
die schönste Frau nun vor ihm stand.

Sie war die Schönste im ganzen Land,
Der König dies wohl auch so fand.
Die Brüder schleppten an, zwei Weiber,
wie Lumpen sahen aus die Kleider.
Erotisch waren diese nicht,
sie liebten Schatten, nicht das Licht.

Wer nun den Thron bestieg, war klar,
der „Dumme" wurde jetzt zum Star.
Die schönste Frau er seine nannte,
das ganze Volk sie anerkannte.
Gesichert war die Dynastie,
gefeiert wurde dies wie nie.

So kam der Hochmut vor dem Fall,
so ist es oftmals überall.
Die schönste Braut im ganzen Land
war vormals eine Kröte.
Und der, als Dümmster stets verkannt,
geigte ab dann die erste Flöte.

* * *

Die drei Spinnerinnen

In der Provinz in einem Städtchen,
da lebte einst ein stures Mädchen.
Die Mutter dessen war besorgt:
"Warum mein Kind ist so verbohrt"
Wenn es das Spinnrad drehen sollte,
sogleich es mit den Augen rollte.

So war es auch an jenem Tag,
als Streit so in der Luft schon lag.
Zu hören war die Schimpferei
als just die Königin fuhr vorbei.
Den Streit musste sofort sie schlichten,
ertrug Disharmonie mitnichten.

"Nun liebe Frau, was gibt es dann"
sprach sie besorgt die Mutter an.
So diese zeigte sich genervt,
und log, was scheinbar ihr so stört:
"Mein Kind will spinnen Tag ein Tag aus,
nur ist für Flachs kein Geld im Haus.".

Die Queen lobte die Inferenz,
sah in Gefahr die Existenz:
"Wenn dein Kind das Spinnen mag,
dann darf sie kommen, Nacht und Tag..
Im Schloss gibt's Arbeit ohne Ende,
für fleißige, geschickte Hände."

Das Mädchen zog ins Schloss nun um,
und plötzlich wurde es ganz stumm.
Denn als sie ihren Raum betrat,
erkannte sie erst den Verrat.
Der Flachs, der reichte bis zur Decke,
nichts frei mehr war, nicht eine Ecke.

Sie sollte gleich beginnen,
mit dem verhassten Spinnen.
Sie rührte nicht ein Flachshalm an,
im Traum dachte sie nicht daran.
Ihr Schicksal konnte sie nicht fassen,
unendlich waren diese Massen.

Und später dann, nach ein, zwei Stunden,
die Herrin machte ihre Runden.
Natürlich, auch zu diesem Mädchen,
und denkt, es dreht emsig das Rädchen.
Doch nichts geschah, und nichts sie sah,
kein Gramm vom Flachs gesponnen war.

Das konnt' die Herrin nicht verstehen,
Ein Häufchen Elend gab's zu sehen.
Ihr Kleid vom Weinen war ganz nass.
Die Arbeit machte keinen Spaß.
Sie sehnte sich nach Lust und Liebe,
mit Flachs zum Leben ihr nichts bliebe.

Die Königin nun macht ihr Mut,
und sprach: *"Die Arbeit tut dir gut.*
Wenn Du den Flachs gesponnen hast,
du meinen Sohn zum Manne hast."
Das Mädchen dachte so bei sich,
vielleicht wird das ein Weg für mich.

Nur kurze Zeit war erst vergangen,
drei Spinnerinnen kamen gegangen.
Den Frust des Kindes sie erkannten,
und liebevoll sich an es wandten.
Das Mädchen sprach von dem Malheur,
drei Frauen schenkten ihm Gehör.

Die Weiber halfen nun beim Spinnen,
und wollten gleich damit beginnen.
Drei Tage und drei Nächte lang,
kein Ton des Klagens jetzt erklang.
Doch forderten sie ihren Preis,
für ihren Eifer, ihren Fleiß.

Sie wussten von der Trauung schon,
und sprachen nun von Ihrem Lohn:
"Wir wollen Hochzeitsgäste sein,
und wollen trinken von dem Wein."
Nicht glücklich war damit die Braut,
und sich dabei das Team anschaut.

Die Weiber sahen seltsam aus,
genau gesagt, es war der Graus.
'nen Pferdefuß hatte die Erste,
'nen platten Daumen so die Zweite.
Die Dritte schoss den Vogel ab,
die Zunge hing ihr stets herab.

Das Mädchen genoss Reputation,
ihr Mann war doch der Königssohn.
Erzählte ihm von den drei *Basen*,
geheim blieb, wer sie wirklich waren.
Sie waren auch dabei als Gäste.
so startete das Fest der Feste.

Reichlich geschmückt war der Festsaal,
Das Fest begann mit dem Festmahl.
Auch die Kapelle war schon da,
vor Glück strahlte jetzt dieses Paar.
Der Bräutigam empfing die Gäste,
und sah die Basen auf dem Feste.

Erschrak zunächst und war verwirrt:
"Die drei haben sich wohl verirrt?"

Er sprach sie an, auf die Läsionen,
die Weiber gerieten nun ins Stöhnen:

Die Erste:

"Den Pferdefuß braucht das Pedal,
sonst wird das Treten schnell zur Qual".

Die Zweite:

"Der breite Daumen hält das Garn,
sonst läuft der Faden aus der Bahn".

Die Dritte:

"Der Faden, der braucht ständig Feuchte,
und dafür sie die Zunge bräuchte".

Der Bräutigam verstand die Not,
welch Bild der Frauen, das sich bot.
Die Braut, die er nun seine nannte,
nichts mehr sie in den Flachs verbannte.
Sie war nun frei von diesem Zwang,
so gab es einen Neuanfang.

König Drosselbart

In einem Schloss in der Provinz,
lebte ein König mit seiner Tochter.
Und jeder wollte werden Prinz,
in deren Augen strahlten Lichter.
Doch täuschen sollte schnell ihr Flair,
wenn ihre Arroganz doch nur nicht wär'.

So war die Zeit dann auch gekommen,
sie sollte einen Mann bekommen.
Das Schloss wurde zum Heiratsmarkte,
und jeder Mann dort hin sich wagte,
der nicht am Hungertuche nagte,
und eine Ehe mit ihr wagte.

In einer Reihe aufgestellt,
musterte die Braut so jeden Held.
Der eine war ihr viel zu dick,
und dann erst mal sein trüber Blick.
Der andre hatte keine Haare,
der war für sie nur Mangelware.

Auch einer war mit rotem Haar,
dem Teufel er doch ähnlich sah.
So ging das rauf und runter,
Der König blieb dabei nicht munter.
Auch stand des Königs Schwager Schlange,
bei dem wurd' ihr dann angst und bange.

Nun, wirklich schön war dieser nicht,
doch die Reputation war vorbildlich.

Das Kinn war spitz und aus dem Lot,
ein Bild der Drossel sich da bot.
So wurd' er Drosselbart genannt.
Beliebt war er und weit bekannt.

Die Tochter konnt' sich nicht entscheiden,
im Grunde konnt' sie niemand leiden.
Der König hatte es bald satt,
und einen Plan parat dann hat:
„Der erste Bettler, der jetzt kommt,
dich gleich als Frau er dann bekommt".

Nur wenig Tage sind vergangen,
die Strategie war aufgegangen.
Ein Spielmann vor der Türe stand,
und bettelnd reichte seine Hand..
Ihr Ehemann wird er nun werden.
Die Tochter wollte lieber sterben.

Ein Amtmann wurde sogleich tätig
der deren Ehe gleich bestätigt.
Das Paar verließ zu Fuß das Schloss,
der Spielmann wurde nun ihr Boss.
Sie folgte lustlos dem Clochard,
wie mutlos diese Frau nun war.

Durch einen Wald sie gehen musste.
Ihr Gatte über diesen wusste,
dass der dem Drosselbart gehörte.
Was sie dann doch recht heftig störte.
Sie stapften dann durch eine Wiese,
sie fragte, wem gehört denn diese?

„Auch die gehört dem Drosselbart"
Die Antwort traf sie bis in's Mark.
Als nächstes erreichen sie 'ne Stadt
auch Drosselbart im Besitz sie hat.
Da spürt die Königstochter gleich,
sie hätte werden können reich.

Nun scheinbar kommt die Endstation,
Der „Bettler" sagt, da sind wir schon.
Die Braut nun die Ruine sah,
schien ihr das Ende nun ganz nah.
Ihr Gatte, dieser „Vagabund",
nahm noch zu voll nun seinen Mund:

„Hier werden wir uns lieben,
hier wirst du unsere Kinder kriegen".
Dann kam die Zeit der Nebenjobs,
die meisten wurden schnell zum Flop.
Mal sollte sie Geschirr verkaufen,
musste bepackt zum Markt dann laufen.

Der Kundschaft bot sie es dann feil,
ach war ihre Karriere „steil".
Und einmal kam so ein Husar,
der zudem noch betrunken war.
Er lenkt sein Pferd in ihren Stand,
nur Scherben sie noch wieder fand.

Und dann im nächsten Schlosse,
sie kannte ja nun diese Bosse,
stand sie am Herd, als dumme Magd.

Das hat ihr mehr als nicht behagt.
Ihr Lohn war nur die Essensreste,
was übrig blieb von jedem Feste.

Das Geld lag auf der Straße nicht,
nachts flackerte nur Kerzenlicht.
Der Wind pfiff mächtig durch die Ritzen,
nie sah sie einen Heller blitzen.
Nur Wasser stillte ihren Durst,
das Brot sah niemals eine Wurst.

Der Hunger nagte fürchterlich,
das Leben war so widerlich.
Ihr Kleid war mächtig durchgerieben.
Ihr Mann hat's weit mit ihr getrieben.
Die Leute lachten sie nur aus,
wenn sie verließ das arme Haus.

Der Spielmann, ja, der war schon da,
doch niemals ihn als Mann sieh sah.
Denn niemals hat er sie genommen,
sonst hätte Kinder sie bekommen.
Am liebsten wäre sie jetzt tot,
so groß wurd' letztlich ihre Not.

Ein "Tischlein-Deck-Dich" war Vision.
Die Einsicht kam ihr später schon.
Und nach und nach wurde ihr klar,
dass "Drosselbart" ihr Mann doch war.
Er zeigte sich als Bettler nur,
weil seine Gattin war so stur..

Vom Hochmut wollt' er sie befreien,
und langsam schien sie zu gedeihen.
Das schräge Kinn war nicht basal,
Reputation wurd' ihr zur Qual.
Die Arroganz wurd' nun Geschichte,
das Leben schien im rechtem Lichte.

Die Hütte wurde wieder Schloss.
Das schiefe Kinn war plötzlich nichtig.
Das Blut so durch die Adern schoss.
Ganz Anderes wurd' auf einmal wichtig.
Die Jugend blühte plötzlich auf,
und Kinder zeugten sie zu Hauff.

Und all die Kinder, die sie bekam
mit Leidenschaft zur Brust sie nahm.
Und war ein Kinn noch so daneben,
was schöneres konnt' es nicht geben.

Der Teufel mit den
drei goldenen Haaren

Ein Knabe erblickt das Licht der Welt,
im Elternhaus war knapp das Geld.
Doch Zuversicht lag in der Luft,
am Tunnelende schien ein Licht.
Der Bub nämlich ein Prinzchen war.
Unglaublich, was mit ihm geschah.
Das Glück jedoch ließ auf sich warten,
bevor es sollte dann mal starten.

Zu jener Zeit herrschte ein König,
von Empathie verstand er wenig.
Sein Herz glich eher einem Stein.
Die hübsche Tochter nennt er sein.
Und so mit diesem schönen Kind,
ein Traum nun jetzt und hier beginnt:
„Der Knabe soll sich mal vermählen,
des Königs Tochter wird ihn wählen".

Der König gern sein Volk bespitzelt,
verlogen mit dem Auge blinzelt:
„Na, was gibt's denn so im Land,
erzählt mir, was ist euch bekannt.".
Das Volk ahnt nichts von seiner List,
verrät, wer jetzt der Prinz schon ist.
"Der Prinz ist schon geboren,
als solcher ist er auserkoren".
Der König traut nicht seinen Ohren.
Ein Mordplan ist somit geboren.

Er eilt sogleich zur Mutter dann,
klopft freundlich an die Türe an:
„Liebe Frau, gib deinen Sohn.
Ich werd mich sorgen um ihn schon"
Die Mutter gehorcht in ihrer Not
und willigt ein dem Angebot.
Sie denkt ans Licht am Tunnelende,
und glaubt der Deal bringt schon die Wende.

Der König eilt mit ihm dann fort,
an einem gut getarnten Ort.
In einem Kasten pfercht er den Knaben.
Am Leben will er ihn nicht haben.
In einen Bach setzt er die Kiste,
und hofft dass er so sterben müsste.
Am Mühlrad bleibt der Kasten steh'n,
der Müller, Gott Lob, wird es seh'n.

Die Müllersleut' haben Erbarmen,
wiegen den Bub in ihren Armen.
Das wird nun seine Kinderstube.
und glücklich sein wird hier der Bube.
Die Jahre gehen so ins Land,
der König dann die Mühle fand.
Als er entdeckt hat dann den Knaben,
nervt er den Müller gleich mit Fragen:

„Ist dieser junge Spund dein Sohn"?
Der Müller gibt ihm zu versteh'n:
„Im Bach kam er einst angeschwommen,
als Sohn haben wir ihn aufgenommen".

Dem König wird sodann schnell klar,
das einst sein Plan gescheitert war:
„Der Flegel muss jetzt sterben,
den Thron, den darf er niemals erben"
In einem Brief reimt er die Zeilen.
Der Bub zum Schloss soll damit eilen.

Der Bursche wird zum Postillion,
und eilt sogleich zum Schlosse schon.
Die Botschaft ist ihm nicht bekannt.
Den Weg zum Schloss er nicht gleich fand.
Doch fand er nächtens eine Bleibe,
bei einem merklich alten Weibe.

Nachts heimlich liest sie diese Zeilen.
Sie will an seinem Schicksal feilen:
"Sein Mord, der darf niemals geschehen,
ich will nur seine Zukunft sehen".
Des Königs Zeilen sie verbrennt,
und einen neuen Plan benennt:
„Des Königs Tochter wird bekommen,
von dem ihr habt den Brief genommen".

Das Schloss am nächsten Tag erreicht,
den Brief der Königin dann zeigt.
So wurd' die Hochzeit nun geplant,
von dem der König noch nichts ahnt.
Doch als er kommt in's Schloss ,
putzmunter nimmt er wahr, den Spross.
Die Tochter war bereits vermählt,
das hat den König sehr gequält.
Erbost er einen Preis nun fordert,

drei goldene Haare vom Teufel ordert.

Der Bräutigam nimmt das gelassen:
„Das Teufelshaar krieg ich zu fassen".
Und macht sich auf die Reise,
und träumt von seinem Mädchen leise:
"Am Ende werden wir gewinnen,
ein anderes Leben wird beginnen"
Nach einer Weile kommt er dann,
in einem kleinen Städtchen an.

An einem Brunnen macht er Rast,
sein Durst auf Wasser wird zur Last.
Die Bürger flehen ihn um Rat:
„Der Brunnen nicht mehr Wasser hat.
Welch' Geister seien hier das Übel,
stets leer bleiben die Wasserkübel".

So spricht der Jungvermählte:
"Ach ihr Leut, verzaget nicht,
für euch geht niemals aus das Licht.
Die Zeit wird alle Wunden heilen,
wir werden an der Sache feilen.
In Kürze komme ich zurück,
dann geht es weiter, schon ein Stück."

Und ohne einen Schluck zu trinken,
zum Abschied noch die Bürger winken.
Und als er dann so weiter geht,
ein Bauer ihn um Hilfe fleht:
„Nicht einen Apfel trägt mein Baum,
auch grüne Blätter hat er kaum".

Der Bauer so sein Leid erzählte.
So spricht der Jungvermählte:
"Ach mein Freund, verzage nicht,
für dich geht niemals aus das Licht.
Es wird bald wieder Äpfel geben,
dein Baum erwacht zu neuem Leben.
In zwei, drei Tagen bin ich zurück,
dann bist du weiter, schon ein Stück."

Nach einer Weile kommt er dann,
an das Ufer eines Flusses an.
Die Sonne hoch am Himmel steht,
und eine leichte Brise weht.
Dort sieht er eine Fähre liegen,
der Ferge war g'rad ausgestiegen.
Und jammert über Einsamkeit.

Der Bräutigam ist hilfsbereit:
"Ahoi, mein Freund, verzage nicht,
für dich geht niemals aus das Licht.
Ein anderer Ferge wird bald kommen,
so bleib ganz ruhig und bleib besonnen
In kurzer Zeit bin ich zurück,
bald bist du weiter, schon ein Stück."

Doch treibt ihn an des Teufels Haar,
was ihm erst mal sehr wichtig war.
Er plötzlich vor der Höhle stand,
die als des Teufels war bekannt.
Ihr Eingang roch nach Ruß und Tod,
das Atmen wurde ihm zur Not.
Als er jedoch sich überwand,

im inner'n eine Alte fand.
Sie blickte ihn sehr freundlich an:
„Was führt dich zu uns, junger Mann"?
Der Knabe erklärt ihr seine Lage:
„Ich brauch' drei goldene Teufelshaare".

Die Ellenmutter fasst ein Herz,
versteht nun seinen ganzen Schmerz:
„Drei Haare kann ich ihm auszupfen,
musst' unter meinem Rock nur schlüpfen.
Verwandelt wirst, in eine Maus,
so bemerkt er nichts vom Gast im Haus.
Wenn er erblickt dich hier im Bau,
verprügelt er dich grün und blau".

Der Satan erst recht spät heim kehrt,
und nichts als Schlaf er nur begehrt.
Die große Stunde ist gekommen,
dem Teufel wird ein Haar entnommen,
Nicht ohne Spuren bleibt das Rupfen,
tut jedes mal ein Auge lupfen.
Flucht leise vor sich grummelnd hin,
kratzt böse blickend an sein Kinn.
Dies dreimal hintereinander,
drei goldene Haare sind bei'nander.

Und jedes mal, wenn's bei ihm zupft,
wenn ein Haar sie ihm ausrupft.
Gibt er dann ein Geheimnis preis,
und so der Bub 'ne Antwort weiß.
Beim Brunnen waren es die Kröten,
Den Baum die Mäuse unterhöhlten.

Beim Fährmann half nur eine Tücke,
die am Schluss erst führt zum Glücke.
Mit den drei Haaren in der Tasche,
soll enden nun des Königs Masche.

So tritt er nun den Heimweg an,
kommt in das Städtchen wieder dann.
Von Kröten er die Stadt befreit.
Wasser gab es für die Leut'.
Der Apfelbaum auch wieder trug,
die Nager in die Flucht er schlug.

Auch für den Fährmann, diesen Armen,
hatte das Schicksal nun Erbarmen:
„Den König hast du bald als Kunden,
und kannst den Frust nun überwinden.
Drück ihm das Ruder in die Hand,
und schleich' dich rasch ans Uferland.
Von nun an ist der König Ferge,
wenn du bist über alle Berge."

Als Star erreicht er das Chateau,
und wie es soll, kam es auch so.
Der König nahm des Teufels Haar,
die längste Zeit er Herrscher war.
Zudem er bald die Fähre buchte,
der Fährmann nun das Weite suchte.
Der König nichts vom Schicksal ahnt.
So kommt es schließlich wie geplant.

Er wird der Fährmann sein zeitlebens,
weil jeder Mordplan war vergebens.

Das Königreich wiegt sich im Traum.
Ohne Früchte bleibt kein Baum.
Kein Kübel bleibt mehr ohne Wasser.
Dem Fährmann geht es auch viel besser.
Der Teufel hegt auch keinen Frust,
bezüglich seines Haarverlust.

Der (Ex)König die Fähre lenkt,
und über sein Benehmen denkt:
*"Ach, wie tief bin ich gesunken,
am liebsten würde ich ertrinken"*.

Das junge Brautpaar war zufrieden
und sorglos es gemeinsam trieben.

Der gestiefelte Kater

Die Mühle stand am Bachesrand.
Der Müller war als arm bekannt.
Es galt das Korn zu Mehl zu mahlen,
sonst konnt' er den Tribut nicht zahlen .
Drei Söhne musste er beerben
und sollte so dann auch bald sterben.

Ein Esel gab's zum Säcke tragen,
Ein Kater nur zum Mäuse jagen.
Das war des Müllers ganzer Stolz,
als er dann ging im Sarg aus Holz.
Der erste nahm den Mahlbetrieb.
Die anderen teilten was noch blieb.

Den Grauen erbte dann der Zweite.
Mit dem Kater schien der Dritte pleite
Und dieser vor sich hin nur schmollte.
Den Kater er nun häuten wollte:
"Für ein paar Handschuhe langt sein Fell".,
Der Kater war recht schlau und hell:

„Red doch kein Unfug" sprach das Tier,
„verschaff mir ein paar Stiefel nur.
Dann mach ich dich zum reichen Mann
ein jeder wird nur staunen dann".
Ein Schuster wird den Kater retten,
und nähte schnell die Stiefelletten.
Der Kater war klug und bedacht,
ein Geistesblitz kam über Nacht.
So weihte er den Müller ein,

versprach ihm Geld und keine Sorgen.
Nahm einen Sack, packt Körner rein,
verschwand sodann am anderen Morgen.

Zu dieser Zeit ein König thronte,
Rebhuhn war dessen Lieblingsspeise.
Doch niemand diese liefern konnte.
Problem war'n nicht die hohen Preise.
Kein Weidmann konnte sie erlegen,
allein schon deren Scheue wegen.

Nun kam zum Zug des Katers List,
wenn dann im Sack das Wildhuhn frisst.
Doch wird es nicht bei einem bleiben,
wenn Hunger in den Sack sie treiben.
Und hat er einige gefangen,
wird Achtung er am Thron erlangen.

Er voller Stolz das Schloss erreicht.
Mit seinen Stiefeln ging es leicht
zum König vor zu dringen,
um ihm den satten Fang zu bringen.
Dem König reicht er sein Präsent,
den Kater seinen Freund er nennt.

Zum Dank erhielt der Stiefelheld,
vom König einen Sack voll Gold.
Zu seinem Herrn eilte er gleich:,
"Mein lieber Herr, jetzt bist du reich"
Doch dieser wollte es kaum glauben
zu was sein Kater sollte taugen.

Der Kater war nun ständig Gast,

in des Königs Schlosspalast.
Vom Kutscher erfuhr er dann am Rande:
"Der König reist durch seine Lande,
zu einem See an dessen Küste,
er wieder mal dort baden müsste".

Der Müller dort auch schwimmen wollte,
am Strand die Kleidung bleiben sollte.
Und als er so im Wasser schwamm,
der Kater seine Kleider nahm.
Der König kam mit dem Gespann,
der Kater wieder mal gewann.

"Oh König, mein Herr ist ohne Kleider,
gestohlen hat sie jemand, leider.
Er wagt sich so nicht aus dem Nass."
Doch auf dem König war Verlass.
Die schönsten Kleider gab er raus,
wie ein Graf sah er nun aus.

Die Katz' war stolz auf ihren Herrn,
und wollte weiter ziehen gern'.
Marschierte stolz so durch die Lande
und sah im Feld 'ne Bauernbande:

"Oh, wie groß ist euer Feld,
Welch Herr hat dafür so viel Geld"?
"Ein Zauberer", war deren Antwort:
"er wohnt im Schloss im nächsten Ort"
Der Kater darauf frech und dreist:
„Der König kommt heut' durchgereist
Sagt ihm, der Graf ist unser Herr
und Felder hat er noch viel mehr.".

Der Kater ging zunächst dann weiter,
und dachte, das kann werden heiter.
So kam er dann zu einer Wiese,
auf der sah er nun Knechte viele:

"Oh, wie schön ist eure Wiese,
Welch Herr kann leisten sich denn diese?
"Ein Zauberer", war deren Antwort:
"er wohnt im Schloss im nächsten Ort"
Der Kater darauf frech und dreist:
„Der König kommt heut' durchgereist
Sagt ihm, der Graf ist unser Herr
und Wiesen hat er noch viel mehr.".

Den Kater trieb es weiter dann,
und kam an einen Wald sodann.
Hier hörte er die Äxte schlagen,
und viele sah er Holz zersägen:

"Oh, euer Wald ist schön und groß,
Welch Herr kann leisten sich das bloß?
"Ein Zauberer", war deren Antwort:
"er wohnt im Schloss im nächsten Ort"
Der Kater darauf frech und dreist:
„Der König kommt heut' durchgereist
Sagt ihm, der Graf ist unser Herr
und Wälder hat er noch viel mehr.".

Der Kater, der schon fantasierte,
zum Zauberer sogleich marschierte.
In seinem Schloss dann angekommen.
Hat er ihn sich gleich vorgenommen:

„Oh großer Meister der Magie,
verwandelst dich in jedes Vieh?
Auch ist ein Elefant denn denkbar"?
Und plötzlich stand ein solcher da.
„Und ob ne' Maus denn auch wohl ginge,
und ob ihm dies wohl auch gelänge?"

Gesagt, getan, da saß die Maus
und mit Magie war es dann aus.
Der Zauberer wohl nicht bedachte,
das die Katz' als letzte lachte.
Der Müller wurde hier zum Herrn
die Dienstmannschaft sah dieses gern.

Der König kam dann bald als Gast:
"Mein Gott, welch schönes Schloss du hast.
Ich gebe dir mein Kind zum Weib,
dann ist ihr Weg zum Glück nicht weit".
Die Vögel sangen es im Wald,
dass eine Hochzeit jetzt kommt bald.
Gesagt, getan, und dann getraut,
jetzt wurd' nur noch nach vorn geschaut.

Der König jedoch wurde alt,
ein junger müsste kommen bald.
Und wie das Leben halt so ist
lief ab nun jetzt des Königs Frist.

Ein Müller bestieg nun stolz den Thron,
was eigentlich war des Katers Lohn.
Doch immerhin wurd' er Minister,
und reichstes Erbe der Geschwister.

* * *

Der Fischer und seine Frau

An einem grauen Morgen,
des Fischers Frau hat mächtig Sorgen.
Der Fischer fischt am Meeresrand,
für seine Flops ist er bekannt.

Am Haken hat er eine Scholle,
die am Leben bleiben wolle:
" Ach Fischer, lass mich bitte leben,
sonst wird's ein Unglück alsbald geben.
Ich bin in einem Fisch verzaubert,
bin eigentlich reich und heiße Norbert."
Der Fischer nimmt sehr ernst den Butt,
und denkt: *"Naja, naja, wat mut dat mut"*
Er schenkt ihm so sein armes Leben,
damit es wird kein Unglück geben.

Als er dann heim kommt wird ihm bang,
Die Frau gleich wütet: *"Wo ist dein Fang"?*
Der Fischer beichtet seine Tat:
"Der Fisch mich um sein Leben bat.
so folgte ich dann seinem Rat".
Die Frau darauf konnte nur grollen:
"Du hättest wünschen dir was sollen,
das wir ein neues Heim jetzt wollen"
Sie schickt den Mann zum Strand zurück:
" Jetzt versuchst du mal dein Glück"?

So führt sein schwerer Gang zum Strand.
Den Butt sogleich er wieder fand:
"Hey, Butt, du lebst, ich ließ' dich frei,

ein neues Heim will meine Frau"
Der Butt nimmt seinen Wunsch gleich war :
"Geh heim, das Haus, das steht schon da."
Der Angelfischer kehrt nun heim,
und traut nun seinen Augen kaum.
Die Frau steht da, strahlt wie ein Engel,
das Haus war schön und ohne Mängel.

Doch wie es häufig ist im Leben,
kann's immer besseres noch geben.
Die Frau den Fischer wieder treibt,
dass es nicht reicht, wenn es so bleibt.
Sie schickt den Mann zum Strand zurück:
" Versuche mehr, ich wünsch dir Glück."

Und wieder führt sein schwerer Gang,
zu seinem Butt, den er gleich fand.
"Hey, Butt, du lebst, ich ließ' dich frei,
ein kleines Schloss will meine Frau."
Der Butt nimmt seinen Wunsch gleich war :
"Geh heim, das Schloss das steht schon da."
Der Fischer, dankbar, kehrt zurück,
ein Schloss da steht, oh, welch ein Glück.
Ein schöner Garten umgab das Schloss
und alles schien, wie es sein muss.

Doch ihre Habsucht fand' kein Ende,
zu winzig schien nun das Gelände.
Auch das Schloss war viel zu klein,
sie will ne' Königin nun sein.
Ein Palast muss schnellstens her,
Der Fischer muss noch mal ans Meer:

"Ach Frau, es macht doch keinen Sinn,
wir brauchen nicht den Zugewinn".
Das will die Frau nicht hören,
und hält sich zu die Ohren:
"Doch doch, mein armer, dummer Mann,
ich so nicht Königin sein kann."

Genervt von Frau und dessen Gier,
schleppt an den Strand er jetzt sich nur.
Der Mann am Ufer steht und ruft:
"Hey Butt , du lebst, ich ließ' dich frei,
Königin will sein nun meine Frau."
Der Butt traut seinen Ohren nicht:
"Geh heim, dein Weib erwartet dich."
Der Fischer ahnt schon das Malheur,
bereute den Gehorsam sehr.

Doch was er sah,
und was geschah.
Das kann er nicht in Worte fassen
Er musste seine Frau jetzt hassen.
Im grauen Kittel saß sie da,
und alles so wie früher war.

... tschüss, bis
zum nächsten
mal !